GOLDMANN

Lesen erleben

Buch

Frauen, die von innen heraus leuchten, sind schön in einem tieferen Sinn, der weit über gängige Schönheitsideale hinausgeht. Victoria Moran zeigt, dass eine solche Ausstrahlung nicht von Alter und Figur abhängt, sondern vielmehr einer gesunden Seele entspringt. Dieses inspirierende Buch hilft sich von überzogener Selbstkritik und falschen Selbstzweifeln zu befreien und das innere Lächeln wiederzufinden. Gut zu sich selbst sein, die Bedürfnisse von Körper und Seele respektieren, Ruhe und Einklang finden – das ist der Weg zur inneren, strahlenden, zeitlosen Schönheit.

Autorin

Victoria Moran schreibt Bücher über die Kunst des Lebens. Ihre Artikel erscheinen regelmäßig in großen amerikanischen Frauenzeitschriften. Außerdem hält sie Vorträge und veranstaltet Seminare.

Von Victoria Moran außerdem im Programm

Das Glück der kleinen Dinge (17114)

Victoria Moran

Das Glück des inneren Lächelns

Aus dem Amerikanischen
von Maria Mill

GOLDMANN

Verlagsgruppe Random House FSC-DEU-0100
Das für dieses Buch verwendete FSC®-zertifizierte Papier
Classic 95 liefert Stora Enso, Finnland.

2. Auflage
Gekürzte Taschenbuchausgabe Mai 2012
Wilhelm Goldmann Verlag, München,
in der Verlagsgruppe Random House GmbH
© 2003 der deutschsprachigen Ausgabe
Wilhelm Goldmann Verlag, München,
in der Verlagsgruppe Random House GmbH
© 2002 Victoria Moran
Originaltitel: Lit from Within
Originalverlag: HarperCollins, San Francisco, CA
All rights reserved. Published by arrangement with
Linda Michaels Limited, International Literary Agents.
Umschlaggestaltung: Uno Werbeagentur, München
Umschlagillustrationen: FinePic®, München
Redaktion: Dagmar Rosenberger
Satz: Barbara Rabus
Druck und Bindung: GGP Media GmbH, Pößneck
KW · Herstellung: IH
Printed in Germany
ISBN 978-3-442-17321-1

www.goldmann-verlag.de

Inhalt

Vorwort: Meine Geschichte 11

Einführung: Die Innenseite der Schönheit 20

TEIL I
Einstellung

1. Machen Sie Ihr Äußeres zum Spiegel Ihrer Seele . . 28

2. Betrachten Sie sich mit Wohlwollen 32

3. Üben Sie sich in Selbstbestätigung 35

4. Umgeben Sie sich mit Menschen,
   die Ihr Licht erkennen 41

5. Beenden Sie den Kampf mit »dick oder dünn« . . . 45

6. Vertreten Sie eine alterslose Lebenseinstellung 52

TEIL II
Konkrete Schritte

7. Nehmen Sie eine bessere Gewohnheit an 60

8. Versuchen Sie, jeden Tag passabel auszusehen .. 64

9. Bewegen Sie sich 68

10. Verwöhnen Sie sich mit einem Samstag-Bad 76

11. Sorgen Sie für Ihren Schönheitsschlaf 83

12. Kommen Sie zur Besinnung 90

TEIL III
Leib und Seele

13. Freunden Sie sich mit der Disziplin an 98

14. Entdecken Sie Yoga 105

15. Befreien Sie sich vom Gift 109

16. Helfen Sie Ihrem Körper, richtig zu
    funktionieren 115

17. Sprechen Sie mit Ihrer wahren Stimme 121

TEIL IV
Nur zum Vergnügen

18. Kreieren Sie Ihre persönliche Mode 130

19. Gründen Sie einen Fonds für persönliche
    Ausgaben 136

20. Gehen Sie Dessous einkaufen 141

21. Entwickeln Sie Ihren Stil 145

22. Spielen Sie mit Tönen, Steinen und Blüten 153

TEIL V
Lebensqualität

23. Geben Sie auf sich acht 162

24. Tauchen Sie ein in Schönheit 171

25. Tun Sie etwas Aufregendes 176

26. Entwerfen Sie Ihren Traum 182

27. Führen Sie ein einfaches Leben 188

TEIL VI
Die Schönheit des Charakters

28. Nehmen Sie andere Menschen wichtig 196

29. Seien Sie großzügig 204

30. Seien Sie vertrauenswürdig und tolerant 209

31. Verzeihen Sie 213

32. Gehen Sie liebenswürdig durch den Tag 219

TEIL VII
Ernährung

33. Laden Sie Ihre Seele zum Essen ein 230

34. Speisen Sie wie ein Yogi 237

35. Steigen Sie um auf eine sanftere Ernährung 243

36. Wässern Sie sich regelmäßig 249

37. Atmen Sie tief durch 254

TEIL VIII
Balsam für die Seele

38. Engagieren Sie sich 260

39. Vertrauen Sie auf die Fügung 264

40. Verinnerlichen Sie inspirierende Worte 267

41. Achten Sie sich und Ihre Werte 272

42. Machen Sie sich auf lichte Zeiten gefasst 278

Nachwort: Suchen Sie das Licht 283

Danksagung 286

Vorwort

Meine Geschichte

*Frauen, die mit ihrem Aussehen zufrieden sind
und ihr Leben lang attraktiv bleiben,
sind Frauen, die auch ihre Seele pflegen.*

Bereits im Kindergarten wurde mir klar, dass ich nicht hübsch genug war. Zwar durfte ich mich zu Hause und in meiner Familie in der Gewissheit sonnen, einfach hinreißend zu sein. In der größeren Welt des Kindergartens aber stand ich unter permanentem Konkurrenzdruck. Und bald hatte ich begriffen, dass ich im Vergleich zu den anderen Mädchen, deren Kniestrümpfe ordentlicher umgeschlagen und deren Haarbänder hübscher gebunden waren, nicht so besonders gut abschnitt.

Sobald ich die Bedeutung des Hübschseins einmal verinnerlicht hatte, merkte ich, dass sogar meine Eltern besser aussahen als ich. Mein Vater wurde so oft mit dem

Schauspieler James Mason verwechselt, dass er schließlich nur noch »Ja« sagte, wenn Leute ihn danach fragten, und ihnen Autogramme gab. Die Ähnlichkeit meiner Mutter mit Ava Gardner war nicht weniger verblüffend. Häufig erzählte man mir die Anekdote, wie ich im Alter von drei Jahren in einem vollen Kino geplärrt hatte: »Wer ist denn dieser Mann, der Mammi da küsst?« Nun aber empfand ich zum ersten Mal Scham, weil diese fantastischen Gene offenbar eine Generation übersprungen hatten. Während meiner gesamten Kindheit und Adoleszenz schwankte ich zwischen Molligsein und Fettleibigkeit. Meine Haare waren zu wellig, um als glatt durchzugehen, zu glatt, um als Lockenpracht zu gelten, und mit widerspenstigen Wirbeln in der Mitte sah ich eher nach Kressesalat als nach Shirley Temple aus. Mit zwölf kriegte ich Pickel, die erst mit dreiundzwanzig wieder verschwanden.

Um mich mit meinen Unvollkommenheiten und den sich daraus ergebenden Unsicherheiten auseinander zu setzen, studierte ich Modezeitschriften und schrieb mich auf einer »Charme«-Schule ein, wo eine Mischung aus Knigge und Schönheitspflege gelehrt wurde. Dort erfuhr ich alles über Make-up, Diäten und das »Kaschieren von

Figurproblemen«. Die Verwandlung meines »Normal-Ichs« in mein »präsentables Ich« dauerte im Durchschnitt drei Stunden, sodass ich mich der Mühe nicht allzu häufig unterzog. Tat ich es aber, so war es, als hätte man mich in eine andere Welt versetzt. Denn dann übte die aus dieser Verwandlung hervorgegangene junge Frau einen Reiz aus, von dem mein vogelscheuchenhaftes Alltags-Ich nur träumen konnte. Wie bei Aschenputtel aber endete der Zauber stets um Mitternacht – oder wann immer meine mattierende Grundierung die Schlacht gegen meine Talgdrüsen verlor.

Natürlich hatte ich auch damals schon einmal was von innerer Schönheit gehört, aber in meiner Vorstellung war sie so eine Art »Miss-Personality-Auszeichnung«, eine Art Trostpreis dafür, dass man nicht die richtige, die wirklich gefragte Art von Schönheit besaß. Dennoch konnte ich mich immer noch vage an eine Zeit erinnern, in der ich mich schön gefunden hatte, in der mein inneres Selbst und meine äußere Erscheinung noch nicht so auseinander fielen.

Damals, als ich noch nicht begriffen hatte, dass attraktive Menschen es leichter haben, und mir noch niemand gesagt hatte, dass ich nicht zu diesen gehöre, hatte ich mich auf ganz selbstverständliche Weise schön gefühlt. Ich habe kaum Zeit vor dem Spiegel verbracht (es sei denn, um mich zu verkleiden), denn ich lebte einfach mein Leben: lud andere Kinder zu Teepartys ein, lauschte Geschichten und sorgte für meine große Puppenfamilie. Für das Vorschulkind, das ich damals war, waren dies wichtige und zwingende Dinge. Diese unbefangene Hingabe ans Leben ging verloren, als ich begann, mich mit anderen Mädchen zu vergleichen. Und sie entglitt mir über so lange Zeit, dass ich sie nicht einmal mehr vermisste; dennoch litt ich darunter.

All meine Bemühungen, mich äußerlich zu verändern, waren wie der Versuch, eine schadhafte Wand zu streichen, ohne vorher die undichte Stelle – die Ursache des ganzen Ärgers – zu reparieren. Nach jeder Phase der »Selbstverbesserung« fiel ich in die alten Gewohnheiten zurück, in denen ich mich eingerichtet hatte: Ich aß zu viel, vergrub mich in Büchern und im Fernsehsessel und glaubte, dass die Abenteuer in den Romanen nur für schlanke, langbeinige Blondinen mit perfekten Nasen reserviert seien.

Zum Glück ist – auch wenn es im jeweiligen Moment nicht so scheint – selbst auferlegtes Unglück kein statischer Zustand. Doch wenn man nichts dagegen unternimmt, wird es schlimmer. Mein Unbehagen in meinem Körper und in meinem Leben war eines schönen Morgens in meinen späten Zwanzigern, an dem ich ein dunkelgrünes Kostüm trug, auf seinem bisherigen Tiefpunkt angelangt. Es war eines der wenigen Kostüme in meinem Schrank, die mir noch passten, deshalb hatte ich es angezogen, obwohl es eigentlich in die Reinigung gehörte. An diesem Tag hatte ich einen Termin, was mich aber nicht zum Haarewaschen motivieren konnte. Die Frau, die ich interviewen sollte, führte ein ausgesprochen spirituelles Leben. Am Ende unseres Gesprächs empfand ich Bewunderung für sie, was offenbar auf Gegenseitigkeit beruhte, denn sie meinte zu mir: »Sie sind klug, Sie sind verständig und Sie sind schön.«

Also, das mit dem »klug und verständig« konnte ich ja noch nachvollziehen, aber das Wörtchen »schön« bestürzte mich. Zunächst glaubte ich, sie wolle sich über mich lustig machen, doch dann begriff ich: Diese Frau sprach nicht von meinem abgetragenen Kostüm und meiner schlecht sitzenden Frisur vom Vortag. Sie sah durch das alles hindurch und entdeckte dahinter jenen Teil von mir, der wirklich schön war und auch andere glänzende Eigenschaften besaß.

In diesem kurzen Moment, in dem ich mich mit den Augen dieser Frau betrachtete, wurde mir klar, dass ich die ungekünstelte Akzeptanz meiner selbst und anderer, die mir vor so langer Zeit abhanden gekommen war, wiedergewinnen musste. Erst dann konnte ich mich wieder bejahen und schön finden. Und es würde keine aufgetakelte und geschniegelte Schönheit sein, sondern eine, die echt und dauerhaft und gegen Altersflecken, Falten, PMS, Schwangerschaft und die Wechseljahre gefeit war. Sie würde sich in meinem Gesicht und in meinem Körper zeigen, aber dabei aus tieferen Schichten meiner selbst herrühren und nicht in der Kosmetikabteilung käuflich zu erwerben sein.

Um jenes Gefühl des schönen Selbst wiederzubeleben, das ich verloren hatte, noch ehe ich einen Bibliotheksausweis besaß, begann ich neue Wege zu erkunden. Ich las über Religionen und Philosophie und probierte die damals noch exotische Disziplin des Yoga aus. Damals wurde Yoga mitunter noch mit Joghurt verwechselt, und beides galt als verdächtig. Während der Yoga-Übungen hielten wir die Augen geschlossen, sodass Fettpolster und Zellulitis keine so große Rolle spielten wie in anderen Gymnastikkursen. Am Ende der Stunden sollten wir einige Minuten still sitzen und einfach nur »sein«. Manchmal langweilte ich mich dabei, und manchmal fühlte ich mich schuldig, weil ich nichts machte. Zuweilen saß ich auch nur da und notierte mir im Kopf, was ich alles noch erledigen musste. Doch nach einer Weile freute ich mich auf diese »stille« Zeit, denn während dieser Minuten fiel mir nach und nach wieder ein, wer ich eigentlich war: ein einzigartiger Ausdruck des Unendlichen.

Meine Lehrerin sagte: »Mach dir keine Gedanken um deine Ernährung. Yoga wird deine Ernährung verändern.« Und sie hatte Recht; am Ende aß ich viel mehr Obst und Gemüse, und wenn ich statt des gehaltvolleren Vollkornbrots mal Weißbrot aß, fühlte ich mich betrogen. Ich brauchte lange, bis ich mich durchgängig gesünder ernährte, aber während ich mich darum bemühte, gönnte ich mir allmählich auch mehr Ruhe und begann Bäder mit Lavendelseife und Duftkerzen zu nehmen – einfach weil es mir Freude machte. Trotz (und vielleicht gerade wegen) der immer wieder auftretenden Rückschläge machte ich mir immer weniger Sorgen um mein Aussehen und andere Dinge, die entweder zu belanglos waren, oder auf die ich sowieso keinen Einfluss hatte.

Den Wert, den ich mir selbst und meiner Fähigkeit, dem Leben etwas zurückzugeben, zusprach, nahm zu. Zu meiner Verblüffung sah ich allmählich immer besser aus und machte mir immer weniger Gedanken darüber. Ich begann, Gott allabendlich für die guten Dinge in meinem Leben zu danken, und wenn ich auch nicht darum betete, dünn und hinreißend zu sein, so betete ich doch manchmal darum, stark und hilfreich sein zu können. Irgendwann begann ich sogar, Gott dafür zur danken, dass er mir das Gefühl geschenkt hatte, schön zu sein.

Das alles ist lange her. Inzwischen befinde ich mich in meinen ehrwürdigen Fünfzigern und die Menschen tun freundlicherweise überrascht, wenn ich ihnen mein Alter verrate. Wie auch immer – ich bin mit meinem Aussehen zufrieden, und dass ich drei Stunden am Stück vor dem Spiegel verbracht habe, ist mir schon seit der Trennung der Beatles nicht mehr passiert.

Die grundlegende Veränderung brachten bei mir weder Ernährung noch Sport noch Feuchtigkeitscreme – obwohl sich auch all das verändert hat –, sondern die Pflege, die ich meinem inneren Selbst angedeihen ließ. Heute weiß ich, dass ich kein Einzelfall bin: Frauen, die mit ihrem Aussehen zufrieden sind und ihr Leben lang attraktiv bleiben, sind in der Regel Frauen, die auch ihre Seele pflegen. Im Zusammensein mit ihnen achtet man weniger darauf, wie sie aussehen, sondern erkennt, wer sie wirklich sind. Je stärker ich mich mit dem unsterblichen Teil meiner selbst identifiziere, umso weniger bedroht mich das Älterwerden. Und je öfter ich mir in Erinnerung rufe, dass ich eine Seele bin, die einen Körper besitzt – statt anders herum –, umso zufriedener bin ich mit dem sichtbaren wie dem unsichtbaren Teil meiner selbst.

Einführung

Die Innenseite der Schönheit

*Sobald Sie erkennen, dass Sie ganz erstaunlich und
wunderbar beschaffen sind, brauchen Sie sich keine Gedanken
mehr über Ihre Oberschenkel und Krähenfüße zu machen
und können mit purer Präsenz beeindrucken.*

Zwar macht unser Körper-Ich uns nicht ganz aus, es
spiegelt jedoch das wider, was wir sind: ein einzigartiges
spirituelles Wesen von außerordentlicher Schönheit und
Bedeutung. Wenn Sie dies begriffen haben und sich auf
diese Weise sehen, werden Sie Ihren Körper behandeln,
als beherberge er eine kostbare Seele, und Ihr Leben als
Teil eines großen Plans leben. Dafür werden Sie mit jenem unverkennbaren Strahlen belohnt, das aus dem tiefsten Innern kommt und dessen Abglanz sich auch äußerlich manifestiert.

Wenn man sich mit so vielen strahlenden Frauen unterhalten hat, wie ich es getan habe, stellt man fest, dass sie alle irgendwie »religiös« sind. Das Leben hat sie – häufig durch Schmerz, manchmal durch Freude – dazu gebracht, nach den verborgenen Wahrheiten unter der Oberfläche ihrer Lebensumstände zu suchen. Manche haben ihren Kinderglauben vertieft, andere einen ganz neuen gefunden. Viele haben Gebet oder Meditationen für sich entdeckt und eine Abhängigkeit oder ein Problem überwunden, indem sie ihr Leben auf spiritueller Grundlage neu aufgebaut haben.

Jenseits aller individuellen Besonderheiten trat eine Kraft in ihr Leben, die ihre egozentrischen Sorgen schrumpfen und ihre Seele wachsen ließ. Diese Macht mag man Gott nennen, und ich tue das in diesem Buch zuweilen. Falls eine andere Bezeichnung Ihnen eher zusagt, so halten Sie sich unbedingt an diese. Wie immer Sie sie auch nennen – dies ist die Kraft, die die Gedanken, die Ihr inneres Licht verdunkeln, vertreibt: Furcht, Eifersucht, Zorn, Gier – Sie kennen die sieben Todsünden und ihre nervtötende Gefolgschaft.

Perfektion ist nicht notwendig. Menschlich sein genügt. Sobald Sie erkennen, dass Sie erstaunlich und wunderbar beschaffen sind, müssen Sie sich keine Gedanken mehr über Ihre Oberschenkel und Krähenfüße machen und können mit purer *Präsenz* überzeugen. Sie müssen nicht aussehen wie die Frauen aus den Zeitschriften. Gewöhnlich verkörpern die nur eine einzige Vorstellung von Schönheit, die vor allem auf Jugend basiert und von Kosmetik, Ausleuchtung und dem Können des Visagisten hervorgebracht wird. Sie jedoch werden ein inneres Strahlen besitzen, das sich weder kaufen noch abfüllen lässt.

Bis vor kurzem legte unsere zeitgenössische Kultur nicht viel Wert auf die schöne Seele. Was wohl daran lag, dass niemand so recht wusste, wie sich ein Profit daraus schlagen ließ. Die Abwertung der Schönheit, die aus dem tiefsten Innern kommt, schmuggelte sich ins kollektive Bewusstsein. In Wahrheit jedoch ist innere Schönheit die einzige, die überhaupt zählt, weil sie die einzig beständige ist. Sie ist auch dann noch da, wenn Sie sich schlecht fühlen oder die ganze Nacht neben einem kranken Kind gewacht haben oder wenn Sie zehn – oder dreißig – Jahre älter sind als heute. Und da diese Schönheit Ihrem innersten Wesen angehört, können Sie sie vielleicht sogar mitnehmen, wenn Sie Ihre letzte Reise antreten.

Ihren äußeren Ausdruck kann man als Charisma oder Anmut definieren, als Klasse oder Selbstsicherheit bezeichnen. Wenn Sie diese Schönheit besitzen, sind Ihre Augen tatsächlich die Fenster Ihrer Seele. Dann nimmt Ihr Lächeln Ihrem Gegenüber jede Befangenheit. Eine unwiderstehliche Anziehung geht von Ihnen aus, sodass Sie unabhängig von Alter oder Körpertyp, unabhängig davon, ob Sie sich für hübsch halten oder nicht, einfach schön *sind*. Und diese Schönheit beruht auf der Bildung der Seele, jener Brücke, die unsere Person als leibseelische Einheit mit dem Geist, dem inneren Licht, »dem Göttlichen in jedem Einzelnen« verbindet. Dies ist das Leuchten, das einen Raum und Ihr Leben zum Strahlen bringt und Ihnen jene Art von Schönheit verleiht, der das Verstreichen der Jahre nichts anhaben kann.

Dieses Buch kann Ihnen helfen, jenes innere Licht zu entdecken, das die Menschen, die Sie lieben und verehren, bereits wahrnehmen, und Ihnen Möglichkeiten eröffnen, dieses Licht noch heller erstrahlen zu lassen. Um den größtmöglichen Erfolg zu erzielen, sollten Sie, während Sie die Essays lesen und die darin gegebenen Empfehlungen ausprobieren, stets von folgenden Punkten ausgehen:

1. Innere Schönheit ist ein ganz reales und kostbares Gut.
2. Sie selbst besitzen reichlich davon.
3. Mithilfe einiger einfacher und praktischer Schritte können Sie Ihre innere Schönheit auch äußerlich sichtbarer machen.

Dieses Buch ist in acht Teile untergliedert, die Ihnen verschiedene Möglichkeiten aufzeigen, Ihre innere Schönheit zu erleben:

1. *Einstellung:* die Betrachtung unseres körperlichen und seelischen Ichs auf eine Art und Weise, die unser inneres Licht zum Strahlen bringt;
2. *Konkrete Schritte:* Dinge, die wir sofort unternehmen können, um besser auszusehen und zu leben;
3. *Leib und Seele:* die Verbindung zwischen dem Teil von uns, der uns aus dem Spiegel entgegenblickt, und dem Teil dahinter;
4. *Nur zum Vergnügen:* der spielerische Aspekt strahlenden Aussehens und Selbstgefühls;
5. *Lebensqualität:* die Ausweitung der eigenen Schönheit auf alle wichtigen Aspekte des Lebens;

6. *Die Schönheit des Charakters:* das Setzen von Zielen und das Streben nach ihrer Erfüllung;

7. *Ernährung:* die Sorge für das körperliche Wohl mit gesundem Essen, viel Wasser und reichlich Sauerstoff, sowie für das seelische, indem man seine Mahlzeiten in angenehmer Umgebung einnimmt;

8. *Balsam für die Seele:* die Art und Weise, wie man seinen Überzeugungen vertraut, ihnen treu bleibt und die innere Verbundenheit alles Seienden erkennt.

Fühlen Sie sich bitte nicht verpflichtet, jedes Kapitel oder jeden Teil in der angegebenen Reihenfolge zu lesen. Sie können und sollen »hin und her springen« und sich immer das heraussuchen, was Sie brauchen und was Ihnen im Moment gut tut.

Ganz egal, wie Sie dieses Buch lesen – eines kann ich Ihnen versprechen: Das innere Leuchten kennt keine Ausnahmen. Jeder, der sich die genannten Prinzipien zu Eigen macht, wird sichtbar und fühlbar schöner werden, weil jedem von uns ein unvorstellbares Licht, grenzenlose Energie und zeitlose Schönheit innewohnen. Jeder der auf den folgenden Seiten gemachten Vorschläge – ob man ihn als geistige oder praktische Übung oder als sinnvolle Zerstreuung betrachtet – soll Sie zu einem einzigen Ziel führen: zu Ihrer wahren Identität. Denn solange Sie bei all den Erwartungen, die die Welt an Sie stellt, genau wissen, wer Sie sind, können Sie den Rest getrost dem inneren Leuchten überlassen.

TEIL I

~

Einstellung

I

Machen Sie Ihr Äußeres
zum Spiegel Ihrer Seele

*Der erste Schritt zur Sichtbarmachung Ihrer inneren Schönheit
ist die stimmige Verkörperung Ihres spirituellen Selbsts.*

Wenn Ihr inneres Licht Ihre Züge und Ihr Leben erhellt,
dann sind Sie ein schöner Mensch, eine schöne Frau. Damit dies geschehen kann und so auch bleibt, bedürfen
Leib und Seele sorgfältiger Pflege. Allerdings ist es dabei
besonders wichtig, die richtige Reihenfolge zu beachten:
Zuerst kommt die Seele. Eine Theorie, die in den Naturwissenschaften langsam an Boden gewinnt, ist die Vorstellung der »Enformy« oder »Verkörperung«. Sie beruht auf
der Annahme, dass das, was religiöse Menschen seit langem als Seele oder Geist bezeichnen, der Herausbildung
unseres physischen Körpers vorausgeht. Dieses immaterielle Wesen »verkörpert« sich dann und »formt« die Mate-

rie, was zu großartigen Resultaten führt – Menschen wie
Ihnen zum Beispiel.

Was seine physische »Enformy« anbelangt, hat Ihr spirituelles Selbst eine völlig korrekte Wahl getroffen. Der
Körper, den Sie haben, ist exakt der, der für Sie vorgesehen war. Aus der Sicht Ihrer Seele betrachtet ist es der
perfekte Körper, um Sie durch dieses Leben zu tragen und
das zu realisieren, wozu Sie auf die Welt gekommen sind.
Ob Ihr Körper zu den zarten ektomorphen, den kurvigen
endomorphen oder den athletischen mesomorphen gehört – Sie sind genau so »gemorpht«, wie Sie sein sollen.

Das ist unter Umständen nicht leicht zu schlucken in
einer Kultur, die das Diktat erhebt, dass bestimmte Körper akzeptabel sind und andere nicht. Heute lautet die
Botschaft, dass Frauen groß und dünn zu sein haben und
einen großen Busen ihr Eigen nennen müssen. In meiner
Teenagerzeit wollte man sie groß und dünn und flach wie
ein Plättbrett. Und als meine Großmutter jung war, galt
Clara Bow als sexy und eins fünfundfünfzig und mollig als
ideal.

Wie immer der »perfekte Körper« einer bestimmten
Epoche aussieht, sein Hauptzweck besteht darin, Produk-

te zu verkaufen: Kleider und Make-up, Bier und Kinokarten. Ihr Körper allerdings, Sie wissen es, ist zu Höherem berufen, nämlich Ihrer Seele, Ihrem inneren Licht zum Ausdruck zu verhelfen, sodass es sich der Welt offenbaren kann. Und dieses Unterfangen sollte mit mehr Wonne als Schmerz verbunden sein. Die vedischen Schriften Altindiens sagen, dass menschliche Körper erschaffen wurden, damit sie eine Seligkeit erführen, um die sie sogar die Engel beneideten.

Der erste Schritt zur Sichtbarmachung Ihrer inneren Schönheit ist die stimmige Verkörperung Ihres spirituellen Selbsts. Anders als die defätistischen Ziele der »Nehmen Sie fünf Kilo ab«-Heilslehre ist dies ein befreiender Vorsatz. Sie gestatten sich nämlich, genau das zu sein, was Sie – äußerlich wie innerlich – eigentlich sein sollen. Wenn Sie alle »fremden« Ziele für Ihren Körper aufgeben, ermöglichen Sie ihm, gemeinsam mit Ihrem Geist und Ihrer Seele für das Wohl des Ganzen zu arbeiten. Falls fünf Kilo weniger zu diesem Gesamtwohl gehören, werden Sie sie abnehmen. Und zwar dauerhaft.

Wenn Sie entschlossen sind, der Welt Ihr wahres Gesicht zu zeigen, beginnen Sie das auszuspielen, was Sie zu etwas Besonderem macht. »Wenn ich gewusst hätte, dass mein Anderssein eines Tages als Vorzug gelten würde«, sagte die Schauspielerin Bette Midler einmal, »hätte ich mir in meiner Jugend viel ersparen können.« Wenn *Sie* Ihr Anderssein feiern, dann wird es auch der Rest der Welt tun. Zeigen Sie der Welt, dass Sie ein einzigartiges Wesen sind, das geboren wurde, um zu staunen und Freude zu verbreiten – und die Welt wird Ihnen offen stehen.

2.

Betrachten Sie sich mit Wohlwollen

Erkannter Wert erzeugt Wertschätzung;
aus Wertschätzung erwächst Fürsorge.

Wahrscheinlich haben Sie bereits begonnen, die Schönheit Ihrer Seele zu nähren, indem Sie einfach nett zu ihr sind. Ihren Körper behandeln Sie wahrscheinlich nicht ganz so nett. Nur wenige Leute sagen: »Meine Psyche ist eine Katastrophe.« Sie sind viel zu beschäftigt damit, sich über ihre Hüften und Haare aufzuregen. Innere Schönheit kann jedoch nicht nach außen strahlen, wenn man sich selbst nicht im Ganzen wie im Einzelnen mit Wohlwollen betrachtet.

Erkannter Wert erzeugt Wertschätzung, und aus Wertschätzung erwächst Fürsorge. Nehmen wir etwa an, Sie besuchen eine Haushaltsauflösung und erstehen dort Porzellanteller im Wert von 15 Euro und benutzen sie als

Ersatzgeschirr für ein Picknick oder eine Party. Bis Ihre Freundin, die sich mit Antiquitäten auskennt, Ihre Erwerbung sieht und Ihnen erzählt: »Das sind doch seltene Stücke von Edel & Teuer! Für die kriegst du heute 5000 Euro und ihr Wert steigt mit jedem Tag.« Was machen Sie nun? Wahrscheinlich werden Sie in Zukunft sorgsamer mit den Tellern umgehen.

Ähnliches geschieht, wenn wir uns selbst mehr Wert beimessen: Ganz selbstverständlich werden wir für das, was uns teuer ist – unseren Körper, unsere Seele – Sorge tragen wollen. Wenn wir uns diese Wertschätzung entgegenbringen, wissen wir intuitiv, welcher Teil von uns Aufmerksamkeit braucht, und wir entwickeln einen scharfen Sinn für die Ausgewogenheit unserer Lebensführung. Wir finden plötzlich Zeit für sportliche Betätigung, mentale Entspannung und fürs Genießen, weil sich unsere Prioritäten verändert haben. Und wir müssen uns dies nicht alles notieren; sondern es wird von alleine geschehen.

Um Ihr Ansehen bei sich selbst zu steigern, sollten Sie aufhören, sich mit anderen Leuten oder Fiktionen von anderen Leuten (retuschierten Hochglanz-Versionen von Frauen, die nach dem Aufstehen nicht anders aussehen als wir anderen) zu vergleichen. Das fällt Ihnen leichter, wenn Sie vorläufig keine Zeitschriften mehr lesen oder Fernsehprogramme konsumieren, die Ihnen das Gefühl vermitteln, dass mit Ihrem Alter, Gewicht, Einkommen oder einem anderen Teil von Ihnen etwas nicht stimmt.

Messen Sie Ihr gegenwärtiges Ich auch nicht an einem früheren Selbst – als Sie jünger und dünner waren, sich teurere Klamotten leisten konnten oder was auch immer. Sie sind noch dieselbe.

Sollte es Ihnen dennoch schwer fallen, sich wertzuschätzen, ohne sich wie eine Schwindlerin vorzukommen, so machen Sie sich klar, dass die Nichtachtung der eigenen Person einer Art perversem Egoismus gleichkommt. Wenn praktisch jeder andere Erdenbewohner (verabscheuungswürdige Verbrecher und mörderische Diktatoren ausgenommen) bei Ihnen als passabel durchgeht, ist es im Grunde ziemlich egoistisch, für sich selbst einen – wenn auch negativen – Sonderstatus zu beanspruchen. Sie sind ein Mensch, das heißt von vorneherein Ia, Krone der Schöpfung. Mängel sind da selbstverständlich inbegriffen – zumal ja die wunderbare Chance besteht, einige von ihnen zu überwinden.

3.

Üben Sie sich in Selbstbestätigung

Jede unserer Zellen ist eine lebendige Einheit,
die auf unsere Gedanken und Gefühle reagiert.

Meine Freundin Necia, die als Massagetherapeutin arbeitet, hat nie Angst, sich irgendwo anzustecken. »Ich berühre Gesundheit, ich lehre Gesundheit, ich schenke Gesundheit, ich *bin* Gesundheit«, hat sie mir einmal im Brustton der Überzeugung gesagt. In den acht Jahren, die ich sie kenne, habe ich sie wirklich nie krank erlebt. Wenn wir von unserer Schönheit so überzeugt sind wie Necia von ihrer Gesundheit, leben wir in neuen Körpern und in einer neuen Welt.

Fortwährend spricht unser Geist mit unserem Körper. Sagt er Dinge wie: »Bisschen wabblig geworden da unten, was?«, oder: »Ein Besen ist nichts gegen dieses Rattennest von Frisur.«, dann muss unser Körper-Selbst erst mal damit fertig werden. Kein lebendes Wesen kann unter solchem Sperrfeuer gedeihen, weder ein Kind noch ein Tier noch ein Körper. Quantenphysikern zufolge ist jede Zelle – ja jedes Atom – in uns eine solche *lebende Einheit,* die auf all unsere Gedanken und Gefühle reagiert.

Eine wirksame Methode zur Veränderung unserer Selbsteinschätzung stellen Affirmationen dar. Eine Affirmation ist eine Behauptung, die im Großen und Ganzen zutrifft, sich aber in unserem gegenwärtigem Leben womöglich noch nicht beobachten lässt. So ist der Satz »Ich bin ein Ausdruck göttlicher Schönheit und Liebe« wahr für jeden, der für diese Aussage offen sein und sie in seinem Leben verwirklichen möchte. Der Satz »Ich bin einundzwanzig und eine natürliche Blondine« mag zwar für manche Frauen zutreffen, ermangelt jedoch solcher allgemeiner Anwendbarkeit und kann folglich nicht als Affirmation gelten. Auch wenn Sie bereits mit Affirmationen gearbeitet haben, sollten Sie sich einige überlegen, die Sie speziell während der Lektüre dieses Buches verwenden. Schon allein das Nachdenken darüber kann aufbauend wirken:

↣ Ich bin schön, liebenswürdig und zufrieden.

↣ Ich bin der strahlende Ausdruck eines göttlichen Ge-
dankens.

↣ Ich akzeptiere meinen Körper, wie er jetzt ist, und er-
mögliche ihm, noch gesünder und schöner zu werden.

↣ Jeden Tag fühle ich mich lebendiger.

↣ Ich bin glücklich, als Körperwesen und mit einem göttlichen Zweck leben und mich verwirklichen zu dürfen.

Dies sind mächtige Worte, doch damit eine solche Affirmation Veränderungen bewirken kann, muss man um die
Abneigung unseres Gehirns gegen neue Gedanken wissen. Und diese erfordert mehr als das Wiederholen von
Sätzen; man muss damit arbeiten.

*Nehmen Sie sich täglich Zeit, sich mit dem in der Affirmation enthal-
tenen Gedanken zu beschäftigen.* Lassen Sie ihn sich durch den
Kopf gehen. Nutzen Sie Ihre Vorstellungskraft, um sich
Szenarios auszudenken, in denen sich eine solche Behauptung in die Tat umsetzen ließe. »Wie würde der heu-
tige Tag für mich aussehen, wenn ich mich tatsächlich
schön, liebenswürdig und zufrieden fühlte? Was würde ich

tun? Was würde ich essen?« Malen Sie sich das Ganze aus. Spüren Sie Ihre Beinmuskeln während Ihrer Joggingrunde am Morgen. Fühlen Sie die Weichheit Ihres Pullovers. Schmecken Sie die Himbeeren, die Sie essen, und betrachten Sie den Wiesenblumenstrauß auf dem Tisch. Auf diese Weise machen Sie Abstraktes anschaulich und verhelfen einem Traum zu einer Form.

Schreiben Sie Ihre Affirmation auf. Arbeiten Sie stets nur mit einer Affirmation. Machen Sie die Dinge nicht unnötig kompliziert. Hilfreich kann es sein, zwei Spalten anzulegen, eine für die Affirmation, die andere für die Reaktionen Ihres Gehirns oder Ihrer Psyche. Vielleicht haben Sie gelesen, dass das Niederschreiben einer negativen Äußerung diese in Ihrem Bewusstsein verankert. Wenn Sie Reaktionen auf Affirmationen notieren, ist dies jedoch nicht der Fall, egal wie negativ sie auch klingen mögen. Sie müssen auch Ihre zynische Seite zu Wort kommen lassen, sonst wird sie nie Ruhe geben. Reagieren Sie auf jeden Einwand mit Ihrer Affirmation. Am Ende verlieren die negativen Widerlegungen immer mehr an Kraft und hören schließlich ganz auf. Ein Beispiel:

Affirmation	*Reaktion*
Ich bin schön.	Du bist bescheuert.
Ich bin schön.	Soll das ein Witz sein?
Ich bin schön.	Ich will dich nicht ärgern, aber das bist du nicht.
Ich bin schön.	Nein, aber wenigstens Durchschnitt.
Ich bin schön.	Hm, möglich.
Ich bin schön.	Mhm.
Ich bin schön.	Hab ich doch immer gesagt.

So schnell geht es zwar nicht, aber wenn man eine Zeitlang mit einer Idee gearbeitet hat, gibt das Gehirn seinen Widerstand auf und bequemt sich zur Kooperation.

Verteilen Sie Gedächtnisstützen. Kleben Sie sie auf Ihren Toilettenspiegel, den Kühlschrank, Ihr Scheckbuch, Ihren Computerbildschirm. Sie können gar nicht übertreiben, denn unsere neue Vorstellung wird permanent von allen Seiten in Frage gestellt – in dieser Welt, die gewohnheitsmäßig nach dem Schein urteilt, nach willkürlichen Normen verfährt und uns die alte Selbsteinschätzung widerspiegelt.

Lassen Sie sich nicht von Ihrem inneren Widerstand ins Bockshorn jagen. Sie können zwanzig Minuten täglich »Ich bin großartig« rezitieren. Sie können es tausendmal niederschreiben und Ihre Wohnung in ein einziges Mitteilungsbrett verwandeln. Wenn Sie sich aber, sobald Sie das erste Wort falsch buchstabieren, selbst zusammenstauchen: »Ich bin ja so blöd«, oder wenn Sie in der Umkleidekabine eine größere Größe brauchen, schimpfen: »Was für eine fette Qualle ich doch bin«, entziehen Sie sich selbst den Boden.

Positive Äußerungen zur eigenen Person sind das hörbare Pendant gesunder Selbstachtung. Das heißt nicht, dass man jeder Zufallsbekanntschaft erzählen muss, wie großartig und toll man ist, aber man sollte es auch nicht in Abrede stellen. Machen Sie sich nicht klein! Bedanken Sie sich für Komplimente zu Ihrem Aussehen ohne Vorbehalte. Wenn Ihre Worte und Ihre Absichten zur Deckung kommen, nennt man das »Integrität«, und Integrität hilft Ihnen, Ihr Licht erstrahlen zu lassen.

4.

Umgeben Sie sich mit Menschen,
die Ihr Licht erkennen

Vielleicht brauchen Sie,
um Ihr Licht heller erstrahlen zu lassen,
bloß mehr Menschen, die es erkennen.

Für die Menschen, die uns lieben, sind wir schön. Nicht, weil Sie unsere Fehler nicht sähen, sondern weil sie tiefer in unsere Seelen blicken als andere. So tief, dass unsere Schwächen in den Hintergrund treten. Menschen, denen etwas an uns liegt, gestatten uns, unvollkommen und dennoch schön zu sein.

Eines Samstagmorgens begleitete ich eine Freundin zu einer Haushaltsauflösung. Die Frau, die ihre Sachen verkaufte, wollte uns beim Tragen helfen, aber ihr Mann wollte nichts davon hören und meinte: »Nein, nein, Schnuckiputz, am Ende brichst du dir noch einen Fingernagel ab.« Er trug uns die Sachen zum Wagen. Auf jeden anderen, der sie an diesem Tag zu Gesicht bekam, wirkte »Schnuckiputz« wohl eher wie eine ungepflegte Person mit zu viel Wimperntusche und zu wenig BH. Für den Mann aber, der sie liebte, sah sie umwerfend aus. Wir alle brauchen Menschen, die uns auch dann noch toll finden, wenn wir es am wenigsten sind. Einen derart verliebten Lebenspartner zu haben, ist ein Segen – aber keine Notwendigkeit. Auch Freunde und Verwandte, die eine hohe Meinung von uns haben, sind unbezahlbar.

Denken Sie mal an die potenziellen Mitglieder Ihres Fanclubs! Falls Sie ein Kind oder Enkelkind unter acht Jahren haben, ist Ihnen schon ein Anhänger sicher. Weitere kann man entdecken, wenn man sich überlegt, wen unter den Freunden und Verwandten man ähnlich positiv betrachtet. Haben Sie Freundinnen, die Ihnen bei der ersten Begegnung gar nicht so furchtbar attraktiv vorkamen, die Sie aber inzwischen absolut schön finden? Das liegt daran, dass Sie ihr inneres Licht entdeckt haben. Und wenn Sie dieses bei Ihren Freundinnen sehen, gibt es auch eine große Chance, dass Ihre Freundinnen es bei Ihnen erkennen.

Vielleicht brauchen Sie, um Ihr Licht heller erstrahlen zu lassen, bloß mehr Menschen, die Ihr Licht wahrnehmen. Wenn eine Freundin Ihre Schwächen und Grenzen klarer sieht als Ihre göttlichen Gaben, können Sie auf diese Freundin gut verzichten. Falls ein Kollege Ihr Licht nicht sehen will, sollten Sie erwägen, in eine andere Abteilung oder einen anderen Teil des Büros zu wechseln. Und wenn die Person, die ihnen ein »schlechtes Gefühl« gibt, ein Fremder ist – jemand, der einen Artikel geschrieben hat oder im Radio Ratschläge erteilt – dann blättern Sie einfach die Seite um oder wechseln Sie den Sender.

Komplizierter wird es, wenn unsere größten Kritiker eine wichtige Rolle in unserem Leben spielen. Zuweilen sind wir mit ihnen verheiratet oder haben dieselben Eltern wie sie. Lassen Sie Ihr Licht erstrahlen, egal, ob man es registriert oder nicht. Bringen Sie sich selbst Wertschätzung entgegen, auch wenn Nahestehende es nicht tun. Und stärken Sie sich mithilfe Ihrer Affirmationen, selbst wenn es eine stumme Reaktion auf unausgesprochene Einwände bleibt. Wenn Sie sich erst selbst (wieder) achten, wird diese Person es ebenfalls tun – oder das Risiko eingehen, ihren Platz in Ihrem Leben zu verlieren.

Manchmal gehören die runterziehenden und quälenden Stimmen Menschen, die gar nicht mehr in Ihrem Leben präsent sind, deren Meinungen Sie aber geprägt haben. Wenn solche alten Erinnerungen aufsteigen – und das tun sie unweigerlich, sobald man sich dem Reichtum seines inneren Lebens zuwendet – so sagen Sie einfach: »Nein danke. Das alles ist längst überholt.« Sie brauchen keine Uralt-Botschaften über Ihre Person, wenn Sie neue und bessere besitzen.

5.

Beenden Sie den Kampf
mit »dick oder dünn«

Konzentrieren Sie sich aufs Leben, statt zu warten,
bis Ihnen die Waage das Startzeichen dazu gibt.

Wer sich von den Lebensmitteln ernährt, die uns die Natur zur Verfügung stellt, und sich – wie von der Natur vorgesehen – mittels seiner Arme, Beine und Muskeln durchs Leben bewegt, der hat auch den Körper, der ihm von Natur bestimmt ist. Er wird so auf seine Art vollkommen sein, da er das ist, was die Schöpfung für ihn im Sinn hatte. Zwar ist es unwahrscheinlich, dass Sie Model-Maße besitzen – nur 3 Prozent der Frauen tun das –, aber Sie werden die für Ihre Person idealen Proportionen haben.

Gegenwärtig formiert sich eine Bewegung, die Übergewichtige von Diskriminierung befreien will. Dies ist sicher notwendig und wichtig. Doch Menschen, die so viel Gewicht mit sich herumschleppen, dass ihre Gelenke und Herzen der Belastung nicht mehr gewachsen sind, sollten genauso die Freiheit haben, einen vorteilhafteren Gesundheitszustand anzustreben wie ohne ständiges Verspottetwerden zu leben. Das eine klappt nicht ohne das andere. Sobald Übergewicht im öffentlichen Bewusstsein nicht mehr »kriminalisiert« wird, werden wir uns alle wohler in unserer Haut fühlen.

Jeder Körper besitzt einen Punkt, an dem er sich gerne einpendeln würde. (Ich spreche von »Punkt« statt von »Gewicht«, weil das Körpergewicht auch die Knochen, Muskeln und den Wassergehalt umfasst und Frauen beim Wort »Gewicht« leicht in Panik geraten.) Bekämen unsere Körper ihren Willen, wären viele von uns dünner, als sie sind, weil sie vom gesundheitlichen Standpunkt betrachtet zu viel Körperfett haben. Andere Körper würden gern ein wenig zulegen, und viele wollten einfach nur in Ruhe gelassen und nicht regelmäßig gezwungen werden, mindestens drei Kilo abzunehmen.

Das alte indische Heilsystem Ayurveda teilt die menschlichen Körper in drei Typen *(doshas)* ein, welche alle als gleich wünschenswert gelten. Der Vata-Typus ist schlank und zierlich, der Pitta-Typus kompakt und kräftig und der Kapha-Typus kurvenreich und üppig. Die meisten von uns sind Mischtypen, wobei jeweils ein oder zwei *doshas* vorherrschen und unzählige Variablen jeden Körper zu etwas Einzigartigem machen. Zwar ist es möglich, seine Veranlagung zu bekämpfen – eine Vata-Person kann sich überessen und zunehmen oder ein Kapha-Typ mag sich auf unnatürliche Magerkeit herabhungern –, doch entfremdet uns dies unserem Körper. Manche Menschen fühlen sich am besten und gesündesten, wenn sie etwas schwerer, andere, wenn sie leichter sind. Akzeptieren Sie Ihre Anatomie! Dann müssen Sie ihr nur noch gute Ernährung und Pflege angedeihen lassen.

Das Schöne am liebevollen Umgang mit sich selbst und seinem Körper – der durchaus die ihm angemessene Form haben darf – besteht darin, dass Sie dann auch tatsächlich die Proportionen besitzen, die Sie aller weiterer Grübeleien entheben. Viele Frauen verzichten auf die Freude, Gesundheit und Selbstachtung, die ihnen die richtigen Proportionen bescheren würden, weil sie unnatürliche »Ziele« im Kopf haben. Wer immer das so genannte »Zielgewicht« erfunden hat – Schande über ihn! Die Entscheidung, wie viel wir wiegen sollten, liegt nicht in unserer Hand. Was würden Sie von einer »Zielgröße« halten? Genauso unsinnig ist es, ein Zielgewicht zu verfolgen. Sicher, man kann es erreichen – aber niemand wird dauerhaft ein Gewicht halten, bei dem sich sein Körper nicht sicher fühlt. Unser Selbsterhaltungstrieb ist einfach zu stark.

Und wenn das Halten eines willkürlich bestimmten Gewichts bedeutet, dass Sie chronisch Hunger leiden, sich notwendige Nährstoffe vorenthalten und sich den Genuss am Essen versagen, wird die Zahl auf der Waage, um die sie so hart gekämpft haben, bald wieder der Vergangenheit angehören.

Man hat uns so lange eingebläut, dass dünn gut und dünner noch besser ist, dass wir vergessen haben, auf die erste Autorität in Sachen Gewicht zu hören: unseren Körper selbst. Wir überlassen ihm Herzschlag und Blutkreislauf und Immunabwehr sowie unzählige andere wichtige Funktionen, die wir niemals koordinieren könnten. Den Kampf um »dick oder dünn« aber können wir nur beenden, wenn wir darauf vertrauen, dass dieser so kluge Körper auch genau weiß, welches Gewicht er haben sollte. Selbstverständlich ändert sich dieses mit unseren Lebensumständen; Schwangerschaft, Stillen, Monatszyklus und Menopause wirken sich – vor allem im Rumpfbereich – auf die Form des weiblichen Körpers aus. Das ist überhaupt nicht schlimm, sondern dem Leben in einem Körper, der Leben schenken kann, absolut angemessen.

Unsere Aufgabe besteht also darin, diesen Prozess nicht zu unterlaufen. Auf folgende Weisen hindern wir unseren Körper daran, sein richtiges Gewicht und seine passende Form zu finden:

Fressanfälle: Dabei handelt es sich um eine emotional motivierte Essstörung. Falls Sie dazu neigen, werden Sie kaum ohne Unterstützung davon loskommen. Ich empfehle entsprechende Selbsterfahrungsgruppen oder die Hilfe eines Psychotherapeuten, da Essprobleme häufig tief greifende seelische Ursachen haben.

Der Glaube, dass die heute in Industrieländern übliche Ernährung normal ist. Sie erscheint uns nur deshalb als normal, weil wir auf allen Seiten von ihr »umstellt« sind. Viele der Lebensmittel sind künstlich koloriert, aromatisiert und haltbar gemacht, und dabei so fett und süß, frittiert und raffi-

niert, dass nur noch ein Bruchteil davon jenen Nahrungsmitteln ähnelt, auf die sich der menschliche Körper jahr-
tausendelang verlassen konnte. Diese »Nicht-Lebensmittel«
lassen den Körper »unterernährt« zurück, auch wenn er
voll gestopft ist. Und sie erzeugen Gelüste – sodass man
sich nach dem Essen oft hungriger fühlt als zuvor.

Der sitzenden Lebensweise zu erliegen. Der Körper ist eine für
dauerhafte Beanspruchung konzipierte Maschine. Büros,
Autos, Fernsehgeräte und das Leben in Schlafstädten machen deshalb fett. Wir müssen ihre Nebenwirkungen bekämpfen, indem wir wandern, joggen oder eine andere
Sportart betreiben, die uns wirklich Spaß macht.

Diät halten. Unser Körper interpretiert Diäten folgender-
maßen: »Ich befinde mich in einer Hungersnot. Sobald
die Zeit der Entbehrung vorbei ist, werde ich mir jede er-
reichbare Kalorie unter den Nagel reißen.« Und genau
das tut er. Deswegen enden fast alle Diäten als totale Miss-
erfolge. Sich jeden Tag ein bisschen gesünder zu ernähren
macht Sinn. Eine Diät zu beginnen, um abzunehmen,
macht keinen.

»Weight-Watching«, das heißt unser Gewicht permanent »beobachten«. Was könnte in einer Welt, in der so viel Not herrscht und die so viele Möglichkeiten zum Engagement bietet, schwachsinniger sein, als seine Energien auf das Verfolgen von Ziffern auf einer Waage zu verschwenden? Anstatt Ihr Gewicht zu beobachten, sollten Sie lieber einen Sonnenaufgang betrachten. Oder beobachten Sie, wie Ihre Pflanzen wachsen. Oder passen Sie auf Ihren Neffen auf, damit Ihre Schwester mal ein Wochenende frei hat. Konzentrieren Sie sich auf das Leben, statt darauf zu warten, dass Ihnen die Waage das Startzeichen dazu gibt.

Wenn Sie diese fünf Saboteure aus Ihrem Leben verbannt haben, können Sie auch das Dick/Dünn-Problem hinter sich lassen, indem Sie nett zu sich sind und sich auf das Leben einlassen. Wählen Sie gesunde Lebensmittel. Treiben Sie einen Sport, der Ihnen Spaß macht. Jeder gesunde, glückliche Mensch ist auf einzigartige Weise schön. Und was Glück und Gesundheit angeht, daran kann man arbeiten. Maße und Gewichte jedoch sollten Sie Ihrem klugen Körper überlassen.

6.

Vertreten Sie eine alterslose Lebenseinstellung

Sie entwickeln sich gemäß Ihren Vorstellungen:
Wenn sechzig kein Alter für Sie ist,
werden Sie eine jugendliche Sechzigerin sein;
wenn Sie aber glauben, dass sechzig alt und klapprig bedeutet,
arbeitet Ihr Körper schon jetzt darauf hin,
diesen Glauben wahr zu machen.

Alter ist ein heikles Thema. Dabei verwechseln wir die natürlichen, mit der Zeit einhergehenden mit den unnötigen, durch Missbrauch bewirkten Veränderungen unseres Körpers und unseres Geistes. Der Jugendwahn der westlichen Welt trübt unsere Sicht zusätzlich. Menschen, vor allem Frauen, werden genau in dem Augenblick, in dem sie weise genug geworden sind, um höchste Anerkennung zu verdienen, abgeschrieben. Der Jugendwahn will nichts wissen von Geist und Seele, die mit fortschreitender Zeit schöner und differenzierter werden, und auch nichts von jenem inneren Licht, das über Zeit und Raum erhaben ist.

Ganz davon abgesehen haben viele Attribute, die wir der Jugend zuschreiben – wie Begeisterung, Vitalität und Fitness – weniger mit dem Alter als mit unserer inneren Einstellung zu tun. Wir sind es uns schuldig, uns diese Eigenschaften so lange wie möglich zu erhalten. Was nicht heißt, dass man ewig wie achtzehn aussehen muss. Es geht um etwas viel Besseres, das außerdem auch noch realisierbar ist. Natürlich ist die Blüte der Jugend etwas Wunderbares. Wir sollen uns an ihr freuen, solange wir sie besitzen. Auch ein Pickel, ein missglückter Haarschnitt oder ein wenig Babyspeck können den großen Zauber der Jugend nicht mindern. Doch wahre Schönheit hört hier nicht auf; die Jugend ist lediglich der Ausgangspunkt für ihre Entwicklung.

Wir leben heute länger und besser als jemals zuvor, und dennoch empfinden es viele Menschen als geradezu traumatisch, wenn sie dreißig, vierzig oder fünfzig Jahre alt werden – so als lebten wir noch in Zeiten, als dreißig alt, vierzig uralt und fünfzig tot bedeutete. Heutzutage können Sie sich, so Gott will, auf einen langen Aufenthalt auf Erden freuen und dabei viele Phasen durchlaufen. Kosten Sie jede in ihrer ganzen Fülle aus, und entdecken Sie die Gaben, die sie Ihnen zu bieten hat. Akzeptieren Sie die Veränderungen Ihres Körpers und entwickeln Sie sich zu einer reiferen, aber darum nicht weniger exquisiten Version Ihrer selbst. Und falls Sie von den gebotenen kosmetischen oder medizinischen Möglichkeiten der Verjüngung Gebrauch machen möchten, haben Sie jedes Recht dazu. Reife soll sich in Ihrem Handeln zeigen; sie muss sich nicht in jedem Zug Ihres Erscheinungsbilds äußern. Übertreiben Sie es aber nicht. Eine reife Frau mit einem wohltrainierten Körper und klarem Teint ist wunderschön; eine andere im selben Alter, die sich an allen möglichen und unmöglichen Stellen hat liften lassen, kann eine bemitleidenswerte Figur abgeben.

Und dann gibt es Frauen wie Phyllis, die ihr Alter ohne jeden plastischen Eingriff auf erstaunliche Weise Lügen strafen. Ich traf sie in einem meiner Workshops und nahm an, dass sie etwa sechzig und ziemlich gut in Form sei. Ich war verblüfft, als ich ihr wahres Alter – zweiundachtzig

Jahre – erfuhr. Als ich sie nach ihrem Geheimnis fragte, meinte sie nur: »Ich wurde in der Überzeugung erzogen, dass es viel mehr Licht auf der Welt gibt als Dunkelheit. Und seitdem mir das bewusst ist, lasse ich einfach nichts Negatives mehr an mich herankommen.«

Die Erkenntnis traf mich wie der Blitz oder wie eine Lastwagenladung Haartönung und Antifalten-Creme: Phyllis ist gar nicht so außergewöhnlich jugendlich für ihre zweiundachtzig Jahre; sie ist im Grunde nur so, wie man mit zweiundachtzig sein sollte. Womöglich hat sie ja gute Gene, aber erst durch ihre Einstellung bekamen sie die Möglichkeit, ihr volles Potenzial zu entwickeln. Wenn Sie Ihre Chancen, mit zweiundachtzig wie Phyllis auszusehen, erhöhen wollen, dann beginnen Sie heute so zu denken, wie Phyllis denkt. Sorgen, Furcht, Nörgelsucht, Groll und Reue beschleunigen die negativen Aspekte des Alterns – vielleicht, weil sie das Leben so unangenehm machen, dass man versucht, es möglich rasch hinter sich zu bringen. Halten Sie lieber Ausschau nach dem Guten, bis Sie es finden. Registrieren Sie auch die positiven Seiten einer schlimmen Situation. Wenn es wirklich keine gibt, dann denken Sie an irgendetwas, das Sie auf freundlichere Gedanken bringt. Worte wie »schlimm« oder »dramatisch« klingen zwar interessant, lassen Sie aber schneller altern als Kettenrauchen und Sonnenbank.

Eine positive Lebenseinstellung ist auch ein hochwirksames Gegengift gegen Angst. Viele haben eine derartige Panik vor dem Älterwerden, dass sie sich weigern, es anzunehmen. Das ist ein Grund, weshalb viele Frauen von der hormonellen Umwälzung in den mittleren Jahren kalt erwischt werden. Das Alter ist ein neuer Kontinent, den wir erst dann begreifen, wenn wir auf ihm angelangt sind. Gewiss, der Tod ist unausweichlich und Krankheit und Gebrechlichkeit so verbreitet, dass man sich seine letzten Jahre kaum ohne sie vorstellen kann. Gerade deshalb sollten wir beizeiten vorsorgen. Im anderen Falle nämlich stürzt das Leben plötzlich ab wie ein Computer, den man falsch programmiert hat.

Zu einem gewissen Grade entwickelt man sich zu dem, was man sich selber vorstellt. Wenn sechzig kein Alter für Sie ist, werden Sie eine jugendliche Sechzigerin sein; wenn Sie aber glauben, dass sechzig alt und klapprig bedeutet, arbeitet Ihr Körper schon jetzt darauf hin, diesen Glauben wahr zu machen. Denken Sie daher gelegentlich an die Frau, die Sie in vielen Jahren sein werden. Freunden Sie sich mit ihr an und sehen Sie sie in einem positiven Licht.

Meine Tochter Adair verkündete mit vierzehn, dass sie als alte Dame lange weiße Zöpfe tragen werde, die sie sich um den Kopf winden werde. Sie werde bei guter Gesundheit sein, weil sie sich gut ernährt und viel Sport getrieben habe. Und obwohl sie sich etwas gespart habe, werde sie dennoch hin und wieder als Schauspielerin arbeiten, um den Kontakt zu ihrem Beruf und den Kollegen zu halten. Immer wieder einmal bezieht sich Adair auf ihr in ferner Zukunft liegendes Ich. Und ihre heutigen Handlungen – von ihren Ernährungsgewohnheiten bis zu ihrem Sparkonto – gelten sowohl der jungen Frau von heute mit den langen schwarzen Haaren, wie der alten mit den weißen Zöpfen und den goldenen Erinnerungen in ferner Zukunft.

Stellen Sie sich vor, wie Sie sein wollen, wenn Ihre Enkel erwachsen sind. Mit solchen mentalen Bildern arbeiten Sie aktiv an der Programmierung Ihres Schicksals. Ihr Körper wird der einer alten Frau sein, aber das ist nichts Schlimmes. Der japanische Künstler Manabu Yamanaka, der sehr alte Frauen fotografiert hat, beschrieb sie als schön, »wie das letzte Aufflackern einer Kerze«. Es scheint, dass in der Zeit, in der äußere Schönheit längst keine Rolle mehr spielt, die mit Weisheit und Erfahrung einhergehende innere Schönheit ihren Höhepunkt erreicht. Visualisieren Sie sich in dieser Lebensphase, stolz auf Ihre Leistungen und mit sich und der Welt im Reinen. Stellen Sie sich vor, dass Sie gesund sind und von Freunden und Bewunderern aller Altersstufen umgeben, und vielleicht auch einiges bereuen – aber nicht sehr vieles.

TEIL II

～

Konkrete Schritte

7.

Nehmen Sie eine bessere Gewohnheit an

Seien Sie stolz auf jede positive Veränderung, wie gering auch immer. Oft sind die kleinsten Fortschritte die dauerhaftesten.

Nehmen Sie *eine bessere* Gewohnheit an. Das ist die sanfte Methode der kleinen Schritte. Achten Sie auf das Wort *besser* anstelle von *gut*. Wenn Sie eine schlechte Gewohnheit haben – etwa zu viel Sitzen – und eine »gute« entwickeln wollen – wie viermal die Woche Laufen – dann ist die Wahrscheinlichkeit, dass sich ein Sofagewächs im Handumdrehen in eine Athletin verwandelt, ziemlich gering. Vermutlich übertreiben Sie es und verletzen sich, oder Sie merken, wie anstrengend das Laufen für einen untrainierten Körper ist, und schmeißen es gleich wieder.

Eine »bessere« Gewohnheit anzunehmen aber könnte heißen, dass Sie samstagmorgens eine halbe Stunde zügig gehen. Das ist zwar nicht viel, aber besser als nichts. Während der ersten Wochen sollten Sie auch wirklich nicht länger gehen. Danach dürfen Sie das Training verdoppeln: etwa samstags und dienstags gehen. Nach einem Monat nehmen Sie den Donnerstag dazu. Wenn Sie dann nach drei Monaten eine richtige Walkerin geworden sind, können Sie anfangen, einmal pro Woche einen Teil Ihrer Gehzeit zu laufen, und anschließend auf der verbesserten Kondition weiter aufbauen.

Dies ist nicht nur eine sehr angenehme Art, neue Gewohnheiten auszubilden, sondern Sie werden sich buchstäblich zurückhalten müssen. Und folglich nach Fortschritten lechzen, statt sich zu viel auf einmal vorzunehmen und am Ende wieder dort zu landen, wo Sie angefangen haben.

Die »bessere Gewohnheit«-Methode ist in jedem Bereich Ihres Lebens anwendbar. Schon vor langer Zeit wurde mir klar, dass mir Kaffee nicht gut tut. Für mich war Koffein ein stimmungsveränderndes Wunderelixier, was so weit ging, dass man schon eher von Sucht als von Kaffeegenuss sprechen konnte. Jedes Mal wenn mich danach der »Koffein-Kater« erwischte, blieb ich ein, zwei Wochen lang konsequent, bis dann der nächste lethargische Nachmittag herankroch und ich aufs Neue dem künstlichen Energie-Kick erlag. Da aber begriff ich, dass ich meinen Koffeinkonsum drosseln konnte – und womöglich erfolgreicher als sonst –, wenn ich nicht so streng zu mir war und zunächst nur eine »bessere« Gewohnheit annahm. Mein Vorsatz lautete: Tee trinken – nicht grünen und nicht Kräutertee (das wäre ja schon eine gute Angewohnheit), sondern schwarzen Tee. Am liebsten mochte ich Earl Grey, gab mich aber ansonsten mit allem, was es in Teebeuteln zu kaufen gab, zufrieden.

Tee ist jedenfalls besser als Kaffee – wenigstens für mich. Die Tatsache, dass ich keinen Kaffee mehr brauche, scheint mir ein hinreichender Beweis dafür. Und inzwischen bereite ich meinen Tee auch schon etwas schwächer zu als früher, beziehungsweise entscheide mich gelegentlich für eine gute Kräutermischung. Auf diese Weise gehe ich immer noch mit federnden Schritten, aber eben nicht gleich an die Decke.

Also, nehmen Sie eine bessere Gewohnheit an: eine neue Gewohnheit, die Ihnen nicht allzu schwer fällt. Gestatten Sie sich, etwas anderes, noch Besseres erst einmal auf später zu verschieben; machen Sie nur eins auf einmal. Seien Sie stolz auf jede positive Veränderung, wie gering auch immer. Oft sind die kleinsten Fortschritte die dauerhaftesten.

8.

Versuchen Sie,
jeden Tag passabel auszusehen

*Nur den wenigsten Frauen gelingt es,
auch in Sack und Asche etwas herzumachen.*

Versuchen Sie, jeden Tag *passabel* auszusehen. Das ist nicht das Gleiche wie das Frauenzeitschriften-Diktum: »Machen Sie stets das Beste aus Ihrem Typ.« Natürlich werden Sie nicht immer fantastisch aussehen. Großartig sehen Sie auf Ihrer eigenen Hochzeit oder der Ihrer Tochter aus, bei einem wichtigen Vorstellungstermin oder einer Opernpremiere. Um in den Supermarkt zu gehen, reicht es, so gut auszusehen, dass man sein Äußeres vergessen und sich auf die aktuellen Notwendigkeiten konzentrieren kann – in diesem Fall die relativen Vorzüge von Pfirsichen und Nektarinen abzuwägen oder sich an die Küchenrolle zu erinnern, obwohl sie nicht auf der Einkaufsliste steht. Bei solchen Anlässen muss man nicht toll aussehen, sondern lediglich so annehmbar, dass man sich – sollte man in der Käseabteilung einem Geschäftspartner begegnen – nicht genieren muss.

Auf den Gedanken des »passablen« Aussehens brachte mich Dede, meine alte Babysitterin, durch ein falsches Bibelzitat. Sie erfreute mich mit Vorliebe mit den »Weisheiten« ihrer Mutter und verstand es, die Heilige Schrift oder Shakespeare so zu paraphrasieren, dass exakt die von ihr gewünschte Botschaft dabei herauskam. Eine ihrer Formulierungen lautete: »Gott hat dir einen wunderschönen Tempel geschenkt, es ist deine Pflicht, ihn zu schmücken.« Dedes falsches Zitat verhalf mir zu einer wichtigen Einsicht: Lass dich nicht gehen. Bemüh dich immer, nett auszusehen! Nur den wenigsten Frauen gelingt es nämlich, auch in Sack und Asche was herzumachen.

Irgendwann jedoch wurde diese kluge Botschaft von der Werbung übertönt: »Kaufen Sie unser Produkt, damit auch Sie aussehen wie wir.« Ich bemühte mich zwar sehr, aber es ist mir nicht gelungen. Irgendwann ärgerte mich all die Zeit, die es mich kostete, mich für die Blicke der Öffentlichkeit zu präparieren. Doch selbstverständlich würde ich genau dann, wenn ich mich im verlotterten Sweat-shirt und mit meinem Aufwachgesicht auf die Straße traute, sofort jemanden treffen, der mich nur »nett und adrett« kennt. Es würde mir peinlich sein, ich würde mich entschuldigen und mich fragen, weshalb es nie ein Mause-loch gibt, wenn man eins braucht.

Aber warum konnte ich eigentlich nicht so, wie ich nun einmal aussah, auf die Straße gehen? Nichts sprach dage-gen, erkannte ich schließlich, solange ich ein gutes Gefühl dabei hatte. Aber ich hatte kein gutes Gefühl. Dann erin-nerte ich mich an Dede und den Tempel. Und dass man, nur weil man der Welt einen angenehmen Anblick bietet, sich nicht gleich dem Diktat der Modeindustrie beugen oder die Blicke der Männer und den Neid der Frauen auf sich ziehen will.

Der Wert der anziehenden Aufmachung liegt parado-xerweise darin, dass die besten und schönsten Teile von uns gar nicht unmittelbar sichtbar sind; wir zollen ihnen bloß Tribut, indem wir dem »Tempel« ein Mindestmaß an »Wartung und Pflege« angedeihen lassen, ehe wir hin-ausgehen in die Welt, auch wenn die Welt an diesem Tag nur noch aus dem Fitness-Studio oder der Post besteht.

Seitdem ich weiß, dass ich mich besser fühle, wenn ich einigermaßen präsentabel oder – noch besser – lässig und elegant aussehe, sollte man annehmen, dass ich immer so aussehe. Weit gefehlt. Manchmal bin ich einfach zu sehr in Eile oder mit wichtigeren Dingen beschäftigt, um mich zurechtzumachen. Manchmal habe ich auch einfach einen schlechten Tag. Doch nachdem ich mich ein paarmal trotzdem dazu durchgerungen habe, mich schön zu machen, bin ich einem bedeutsamen kleinen Geheimnis auf die Spur gekommen: Wenn ich mich so zurechtmache, als hätte ich einen guten Tag vor mir und auch die Energie, ihn anzugehen, dann fliegt mir diese Energie tatsächlich von irgendwoher zu.

Wenn eine Frau zufriedener mit sich wird, fällt auch der Hang zur Perfektion von ihr ab. Gleichzeitig wird es ihr zu einer lieben Gewohnheit, sich immer angemessen zu kleiden. Und zwar einfach deshalb, weil es zu einem positiven Lebensgefühl dazugehört. Und dann sind Sie immer zu allem bereit.

9.

Bewegen Sie sich

Wenn jemand einen schweren Unfall hatte,
fragen wir als Erstes: »Kann er noch laufen?«
Und trotzdem bedienen sich die meisten von uns,
die wir über intakte Gehwerkzeuge verfügen,
dieser so selten wie möglich.

Kinder und Tierjunge sind ständig in Bewegung. Irgendwann allerdings entwickeln die meisten von uns Zweibeinern eine Vorliebe für Autos, Aufzüge und Fernsehsessel. Ob wir uns mit fünf oder mit fünfzig für die Trägheit entscheiden, unser Körper leidet unter der mangelnden Beanspruchung und unsere Seele an ihrer Zwangsverbindung mit einem so lethargischen Apparat. Ich spreche aus Erfahrung. Als ich in der Schule einmal nicht für das Volleyball-Team aufgestellt wurde, wählte ich »Mannschaftsspiele« sofort ab; aber vielleicht lag es auch daran, dass ein anderes kleines Mädchen mich auf dem Spielfeld »Fetti« rief. Wie auch immer, ich stellte Laufen und Springen bereits relativ früh ein. Und bis heute macht mir Schwitzen und Hecheln keinen großen Spaß. Wenn es Ihnen damit ähnlich geht, schlage ich Ihnen vor, Sport ab heute nicht mehr als »Muss« zu betrachten. Denn wenn Sport zu Ihren Pflichten gehört, lassen Sie ihn bei Zeitknappheit rasch ausfallen oder reden sich ein, eine kleine Verletzung an irgendeinem Körperteil sei Grund genug, den ganzen Körper stillzulegen. Gestalten Sie Ihr Leben vielmehr so, dass Bewegung unvermeidlich ist und Spaß bedeutet.

Früher gingen Fachleute davon aus, dass Sport nur zählte, wenn man ihn am Stück betrieb – etwa mindestens dreißig Minuten lief. Inzwischen erkennen sie ihren Irrtum. Denn: Alles zählt. Körperliche Aktivitäten addieren sich, hier fünf Minuten, dort zehn. Wenn wir nur ein bisschen Energie investieren, bietet das Leben viel Gelegenheit für Bewegung. Die einfachste Art, aktiv zu werden, besteht darin, seine Besorgungen zu Fuß zu erledigen. Die Unfähigkeit zu gehen betrachten wir als Tragödie. Wenn jemand einen schweren Unfall hatte, fragen wir als Erstes: »Kann er noch laufen?« Und dennoch benutzen die meisten von uns, die wir völlig intakte Gehwerkzeuge besitzen, diese so selten wie möglich.

Auch wenn es Sie Überwindung kostet, gehen Sie zu Fuß, so oft Sie können. Eine Frau, die täglich mehrere Kilometer zu Fuß zurücklegt, hat tolle Beine, strahlende Augen und einen reinen Teint, vor allem wenn sie im Freien geht. Darüber hinaus sorgen die durch ihren Körper zirkulierenden Endorphine für gute Laune und einen herzhaften Appetit, den sie – ohne Kalorien oder Fettprozente zählen zu müssen – mit köstlichem Essen stillen kann.

Wenn Sie auch nicht alles zu Fuß machen können, dann erledigen Sie zumindest einige Ihrer Gänge per pedes. Begleiten Sie Ihre Kinder zur Schule. Führen Sie Ihren Hund im Park spazieren. Machen Sie mit Ihrem Partner einen Spaziergang nach dem Mittag- oder Abendessen. Laden Sie eine Freundin zu einer Wanderung ein. Benutzen Sie öffentliche Verkehrsmittel, und gehen Sie zu Fuß zur Bushaltestelle oder zum Bahnhof. Kaufen Sie in Läden in Ihrem Viertel ein und tun Sie es zu Fuß. Ist Ihre Gegend eher arm an Einkaufsmöglichkeiten, gibt es vielleicht irgendeine landschaftliche Schönheit, die Sie zu einem Spaziergang verlockt. Machen Sie sich das Gehen interessanter: Vielleicht lieben Sie Architektur oder Vögel oder Gesichter. Betrachten Sie Ihre Umgebung als mobile Galerie.

Auch bei der Arbeit und in der Freizeit können Sie Ihren Körper stärker zum Einsatz bringen, als die meisten Menschen es tun. Holen Sie sich selbst ein Glas Wasser aus der Küche. Verlegen Sie Ihre Fernbedienung. (Ich weiß, Ihr Mann kriegt einen Herzanfall. Aber glauben Sie mir, er kriegt ihn noch schneller, wenn er »Fernbedienungs«-abhängig ist.) Steigen Sie Treppen. Eine Studie ergab, dass Menschen, die im 1. Stock wohnen, länger lebten als ihre Hausgenossen aus dem Erdgeschoss. Überlegen Sie, was in Ihrem Fall zu größerer Beweglichkeit beitragen könnte. Vielleicht würden Sie, wenn Sie sich einen Einkaufswagen zulegten, eher zu Fuß zum Lebensmittelladen gehen, oder, wenn Sie einen großen Fahrradkorb hätten, öfter mal das Rad nehmen.

Und überlegen Sie sich doch ein paar mobile Freizeitbeschäftigungen, die genauso viel Spaß machen wie die, denen man im Sitzen nachgeht. Ich muss zugeben, dass mir das auch nicht gerade leicht fällt; ich liebe Filme, Theater, Konzerte, Bücher und Gespräche. Dennoch habe ich auch Freude am Skaten (meist nur vorwärts gradeaus), am Klettern (leichte Kletterwand mit großen Griffen) und sogar am Krafttraining. (Nun gut, die Gewichte sind wirklich leicht, aber ich genieße das Erleben meiner eigenen Kraft. Und dafür bin ich auch bereit zu schwitzen.)

Überlegen Sie sich, was Sie wirklich gerne mit Ihren Muskeln anfangen würden. Und falls Ihnen gar nichts einfallen will – was haben Sie denn früher gerne gemacht? Wenn Sie in der Schule eine begeisterte Schwimmerin waren, dann wird es Ihnen vermutlich auch heute noch Spaß machen. Entdecken Sie das Vergnügen an der Bewegung in irgendeiner körperlichen Betätigung, die etwas in Ihnen zum Schwingen bringt. Als extrovertierter Mensch fühlen Sie sich vermutlich in einem Studio oder in einer Mannschaft oder einer Walking-Gruppe wohl. Wenn Sie eher eine Einzelgängerin sind, legen Sie sich vielleicht lieber ein Mountainbike, Laufschuhe und einen Anrufbeantworter mit der Botschaft »Bin unterwegs« zu. Als künstlerisch veranlagter Menschen sollten Sie sich sportlich mittels Tanz oder Eiskunstlauf ausdrücken. Sind Sie körperlich eingeschränkt, halten Sie nach Aktivitäten Ausschau, bei der Ihre Behinderung nicht stört, oder solchen, die man entsprechend modifizieren kann. Können Sie aber gar keinen Sport treiben, so konzentrieren Sie sich umso stärker auf das Training Ihrer Seele mithilfe innerer Aktivitäten wie Meditation und Gebet.

Besonders schön ist es, wenn Sie Ihre spirituellen Übungen in Ihr aktives Leben integrieren können. So können Sie meditieren, indem sie bewusst, mit offenen Augen und aufeinander abgestimmtem Atem- und Schritttempo gehen und Ihren Geist für die Erfahrung von Frieden und Einsicht öffnen. Yoga (Kapitel 14) ist eine körperliche Aktivität, die auf Spiritualität beruht; eine weitere ist Tai Chi, die anmutige Kombination körperlicher Bewegungen und mentaler Konzentration, die aus der taoistischen Philosophie des alten China hervorgegangen ist.

Gehen oder laufen kann man auch zugunsten eines guten Zwecks. Meine Freundin Terry etwa beschloss, nachdem ihre Tochter Emily an Leukämie gestorben war, Geld für eine Leukämie-Stiftung aufzutreiben, indem sie am härtesten sportlichen Wettbewerb für Amateure, dem Ironman-Triathlon, teilnahm. Als Terry mit dem Training begann – sie war damals 41 und stillte ihren Sohn Timothy –, schaffte sie keine Meile. Sie trainierte dennoch –

neun Monate insgesamt. Und sie schaffte den Ironman, das heißt schwamm 3,8 km, radelte 180 km und lief einen kompletten 42,2-km-Marathon – und alles innerhalb von siebzehn Stunden. »Ich hatte keine Sekunde lang das Gefühl, ich könnte es nicht schaffen«, meinte sie. »Den ganzen Tag lang fühlte ich mich wie von Engeln geleitet.« Wer noch Zweifel daran hat, dass die Seele den Körper beeinflussen kann, sollte sich mit Terry unterhalten.

Auch unter weit prosaischeren Umständen kann jeder von uns sein inneres Selbst auf dem Tennis-Court oder seiner Joggingstrecke aktivieren, indem er sich klarmacht, dass er Grund zur Dankbarkeit hat. Etwa dafür, dass er gehen oder laufen kann. Oder weil es sich so herrlich anfühlt, in den Gymnastikanzug zu schlüpfen – weil Ihr Körper oder aber Ihre innere Einstellung inzwischen schon weit besser in Form ist. Freuen Sie sich über das schöne Gefühl, Energie aufzuwenden und Dinge zu schaffen, die Sie nicht für möglich gehalten haben.

Wettbewerbssport und spirituelles Erleben können im Widerspruch zueinander stehen, wenn dabei auf quasi militaristische Weise Personen und Mannschaften gegeneinander antreten, aber sogar diese Sportarten können von dem, der sie liebt, mit seelischem Inhalt erfüllt werden. Spielen Sie mit vollem Einsatz, und achten Sie nicht auf Punkte oder Tore; kämpfen Sie auf Teufel komm raus, solange das Spiel dauert, und lassen Sie los, sobald es vorbei ist. Diese Haltung bezeichnen spirituelle Lehrer als »innere Freiheit«. Von »innerer Freiheit« erfüllt, können Sie die Freuden des Lebens genießen, ohne sich von Ihren Wünschen – auch dem, die Erste zu sein – versklaven zu lassen.

Martha Graham sagte über die Tanzkunst: »Man wird zum Athleten Gottes.« Was für eine großartige Vorstellung. Sie widerspricht der irrigen Auffassung, dass Körper und Seele Gegensätze seien und die Vorsehung eine entschiedene Vorliebe für letztere habe. Ein Athlet Gottes zu sein ist dem gewiss vorzuziehen – was aber nicht heißen soll, dass man Profi-Tänzerin werden und über außergewöhnliche körperliche Fähigkeiten verfügen muss. Es kann auch heißen, dass man mit einem Kind Drachen steigen lässt oder morgens in aller Frühe, wenn alle anderen noch schlafen, in die Pedale seines Fahrrad-Ergometers tritt und in jeder Sekunde spürt, dass man nicht allein ist.

10.

Verwöhnen Sie sich
mit einem Samstag-Bad

Ein Bad am Samstagabend dauert mindestens eine Stunde.
Und alle Ihre fünf Sinne sollten dabei abtauchen.

Duschen ist erfrischend und belebend. Darüber hinaus
spart es Zeit und Wasser. Falls Sie sich aber schon mal gefragt haben, ob Sie sich ein langes, ausschweifendes Bad
gönnen können, so überzeugen Sie sich jetzt davon, dass
Sie es sogar unbedingt sollten. Abgesehen davon ist Rein-
lichkeit der erste Schritt zur Vollkommenheit.

Wer badet, muss sich ausziehen. Viele Frauen verab-
scheuen ihren Körper und existieren quasi nur vom Hals
an aufwärts, indem sie den Rest nach Kräften ignorieren.
Wenn Sie ein Bad nehmen, müssen Sie die Existenz Ihres
Körpers anerkennen. Wenn Ihr Leib von der himmli-
schen Wärme verwöhnt wird, teilen Körper und Seele ein

gemeinsames Vergnügen. Ihr Bauch spürt die massierende Wirkung des Wassers, ob er nun flach ist oder nicht. Auch Hüften, Oberschenkel, Brüste und andere Körperteile haben sich nach dieser Zuwendung gesehnt und sie redlich verdient.

Oft hegen wir eine unbewusste Feindseligkeit gegen bestimmte Partien unseres Körpers, weil sie nicht unseren Erwartungen entsprechen (oder denen der Medien). Womöglich instruieren wir sogar unseren Liebhaber: »Fass mich da nicht an«, wobei »da« all die Stellen sind, an denen wir uns zu dick, zu mickrig, zu schlaff, zu fleischig, zu knochig oder sonst irgendwie unvollkommen fühlen. In der Badewanne können wir mit diesen vernachlässigten Teilen von uns Frieden schließen. Betrachten Sie Ihre Wanne als einen Ort der Chancengleichheit: Ein dicker Bauch kriegt ebenso viel liebevolle Pflege ab wie ein zierliches Fußgelenk.

Zu diesem Zwecke plädiere ich für die Belebung der alten Tradition des samstäglichen Badens. Als es auf dem Land noch kein fließendes Wasser gab, galt das Bad am Samstagabend als rituelle Vorbereitung auf den sonntäglichen Kirchgang. Ein solcher Brauch wäre auch in unserer heutigen Hektik dringend vonnöten, wo wir uns selten mehr als eine rasche Dusche gönnen. Ja, im Grunde sind wir uns den Wochenend-Luxus eines ausgiebigen Bades wirklich schuldig.

Was ein Samstagabend-Bad von einer Montagmorgen-wach-endlich-auf-Dusche unterscheidet, sind Zeit, Absicht und Ausmaß des sinnlichen Vergnügens. Ein Samstagabend-Bad muss wenigstens eine Stunde dauern. Beabsichtigt ist weniger die Reinigung als das Badeerlebnis an sich. Und alle fünf Sinne sollten dabei abtauchen.

Inszenieren Sie sich Ihr Badevergnügen so, dass Entspannung garantiert ist. Wenn Sie Kerzenlicht lieben, stellen Sie Streichhölzer und Kerzen mit dicken Dochten neben die Wanne. Ein Bade-Kopfkissen hilft beim gemütlichen Zurücklehnen. Wenn Sie beim Baden gern Musik hören, so vertrauen Sie bei der Musikauswahl ganz Ihrer momentanen Stimmung – ob sie nun Tschaikowsky, Gregorianische Gesänge oder Britney Spears verlangt. Legen Sie eine frische Badematte und weiche dicke Handtücher bereit. Gießen Sie sich ein Glas Wasser mit Zitronenschnitzen ein, und stellen Sie sich ein Schälchen Trauben oder Erdbeeren zum Naschen neben die Wanne.

Baden Sie nicht zu heiß: Französinnen behaupten, sehr heißes Wasser lasse die Brüste vorzeitig erschlaffen. Während die Wanne einläuft, kann man schon das Gesicht reinigen und eine großzügig bemessene Portion Pflegecreme auftragen; die aus der Wanne aufsteigende Wärme intensiviert deren Wirkung. Anschließend lassen Sie Ihrem gesamten Körper mit Ausnahme des Gesichts eine sanfte Bürstenmassage angedeihen. Mit kreisenden Bewegungen massiert man den trockenen Körper. Die Massage stimuliert die Durchblutung und unterstützt die Haut, unser größtes Organ, bei der Ausscheidung von Schlacken und Giftstoffen.

Sobald die Wanne voll ist, verwandeln Sie sie mithilfe einiger Tropfen ätherischen Öls in ein wohltuendes, heilendes Bad. Wählen Sie Ihr Lieblingsöl, und vermischen Sie drei bis fünf Tropfen davon mit einem Esslöffel mildem Pflanzenöl. (Um ihre Wirkung zu entfalten, benötigen ätherische Öle eine Trägersubstanz, das heißt ein neutrales Öl wie Mandel- oder Sonnenblumenöl.) Geben Sie die Ölmischung in Ihr Badewasser.

Die Aromatherapie besagt, dass jedes ätherische Öl spezifische Wirkungen auf Körper und Geist ausübt. Zur

Entgiftung des Körpers während einer Diät oder bei Lustlosigkeit sollte man Rosmarin- oder Immortellenöl probieren. Möchte man sich in eine romantische Stimmung versetzen, ist Sandelholz oder Scharlachsalbei zu empfehlen. Gegen Erkältungen wirken Eukalyptus oder Zypresse. Lorbeer und Wacholder sind die Klassiker bei Muskelverspannungen und schmerzenden Gelenken.

Wählen Sie auch Seife, Shampoo und Haarkur nach Ihrer jeweiligen Stimmung oder nach dem im Bad verwendeten Duftöl. Viele Produkte enthalten irgendeinen Blüten- oder Kräuterextrakt und nennen sich »natürlich«, doch nur relativ wenige Marken sind es tatsächlich. Da Ihr Körper nur einen geringen Teil all der Produkte, die Sie auf Haut und Haar auftragen, aufnimmt, sollten Sie bei Ihren Kosmetikeinkäufen dieselbe Sorgfalt walten lassen wie bei den Lebensmitteln. Durchforsten Sie die Körperpflege-Abteilung eines gut sortierten Bio-Supermarkts. Testen Sie verschiedene Marken bei einer Kosmetikerin, im Türkischen Bad oder in Kaufhäusern. Lesen Sie die Etiketten. Öffnen Sie die Flaschen, und schnuppern Sie. Wenn Sie ein Produkt gefunden haben, das Ihnen wirklich zusagt, haben Sie auch Lust, es zu benutzen. Entscheiden Sie sich aber auf jeden Fall für die jeweils mildesten Produkte. Aggressive Seifen zerstören den Säureschutzmantel der Haut. Auch »Deo-Seifen« sind völlig überflüssig. Schließlich nehmen Sie ein Bad und werden nachher sowieso gut riechen.

Lassen Sie sich Zeit. Lauschen Sie der Musik. Konzentrieren Sie sich auf den Duft, den Sie ausgewählt haben, und auf die Räume, in die er Sie entführt. Sie dürfen ruhig ein bisschen was tun – raue Haut mit einem Luffa-Schwamm abrubbeln zum Beispiel –, vor allem aber sollen Sie entspannen. Denken Sie an schöne Dinge. Spüren Sie das Wohlgefühl, das Ihren ganzen Körper durchströmt. Wenn Sie nachher nicht mehr ausgehen – heben Sie sich das Haarewaschen für den nächsten Morgen auf, sodass Sie gleich ins Bett fallen können und kein Föhn Sie mehr aus Ihrer entspannten Ruhe reißt. Steigen Sie langsam aus dem Wasser. Cremen Sie Ihre noch feuchte Haut mit einer nährenden Bodylotion ein und trocknen Sie sich danach mit diesen dicken, vorgewärmten Frotteetüchern ab.

Nehmen Sie Ihr persönliches Baderitual ernst. Über die entspannenden und verjüngenden Eigenschaften eines langen, warmen Bades ist so viel geschrieben worden, dass einem dieses Uralt-Rezept womöglich zu trivial erscheint, um wirklich von Nutzen zu sein. Manch einer fühlt sich sogar zu Zynismen verleitet: »Jaja, genau – nimm ein Bad und wasch die Sorgen fort.« Doch jeder, der es ausprobiert hat, wird bestätigen, dass das Baden tatsächlich Wunder wirkt. Und dieses Wunder ist keine Hexerei, sondern lediglich eine unglaublich gute und auch in preislicher Hinsicht nicht zu schlagende Wellness-Therapie.

Gönnen Sie sich mindestens einmal pro Woche ein Bad, das es in sich hat. Notieren Sie sich diesen Termin mit sich selbst in Ihren Kalender wie jede andere Verabredung mit einer wichtigen Person. Denn das – und nicht weniger – ist es.

II

Sorgen Sie für Ihren Schönheitsschlaf

Wenn Ihre Vitalität zu wünschen übrig lässt,
überprüfen Sie Ihren Wach-Schlaf-Rhythmus.

Müdigkeit führt dazu, dass man grässlich aussieht und sich noch schlechter fühlt. Die alte indische Gesundheitslehre des Ayurveda rät zu einem regelmäßigen Tagesablauf und ausreichend Schlaf. Derartige Weisheiten sind in einer auf Koffein und Adrenalin basierenden Kultur verpönt, aber unser inneres Licht brennt am besten in einem Körper, der durch und durch vital ist. Dieser Elan speist sich aus unserem Einklang mit den natürlichen Gegebenheiten: dem Lauf der Sonne, den Zyklen des Mondes, sowie den Jahreszeiten. Diesen Einklang können Sie herstellen, indem Sie damit anfangen, um zehn zu Bett zu gehen und gegen halb sieben aufzustehen. Hört sich das langweilig für Sie an? Genau da liegt das Problem: Wir lieben den Kick, die wir uns durch Übertreibungen und das Überschreiten unserer natürlichen Grenzen verschaffen. Aber diese Grenzen gibt es eben nicht umsonst. Unsere Aufgabe ist es, sie zu begreifen und sie zu achten.

Im Schlaf entgiftet und regeneriert sich der Körper. Wir füllen unsere Energiereserven auf, die tagsüber entleert wurden. Wer nicht genug Schlaf bekommt, leidet häufig an Reizbarkeit und Ungeduld, von der Ineffizienz bei allem, was er tut, ganz zu schweigen. Unter den Augen bilden sich dunkle Ringe, und Leute, die einen sowieso nicht ausstehen können, sagen einem mit geheucheltem Mitleid: »Sie sehen aber müde aus.«

Obwohl Schlaf so wichtig ist, hören wir immer wieder Leute prahlen: »Ich war bis drei Uhr auf, aber wie immer um Punkt acht im Büro.« Schlafentzug ist offenbar die einzige Form gesundheitlichen Missbrauchs, derer man sich heute noch rühmen darf. Wobei man jedoch einem gefährlichen Irrtum aufsitzt. Das Schlafbedürfnis unterscheidet sich zwar von Mensch zu Mensch, und manche kommen tatsächlich mit weniger aus als andere. Neueste Forschungen jedoch belegen, dass die Mehrheit von uns zum optimalen Funktionieren eher mehr als die üblichen acht Stunden Schlaf benötigt. Stressphasen lassen unser Schlafbedürfnis noch weiter ansteigen. Grundsätzlich kann man sagen, dass jeder, der einen Wecker braucht, unter Schlafentzug leidet. Ein Körper, der genug Schlaf bekommen hat, wacht von alleine auf.

Gesunder Schlaf macht das Erwachen zu einem Vergnügen. Versuchen Sie, alle Feinde des erholsamen Schlafes auszuschalten. In einer idealen Welt dürfte es in Schlafzimmern weder Fernseher geben. Noch Computer. Noch Sportgeräte. Diese gehören zur aktiven Phase des Tages und ihre bloße Anwesenheit verleitet zu Aktivität. Verbannen Sie diese Stimulatoren entweder ganz aus Ihrem Schlafzimmer oder machen Sie sie unsichtbar. Ein Fernseher etwa kann in einem Schrank verschwinden, ein Schreibtisch oder ein Sportgerät hinter einem Wandschirm. Das gesamte Schlafzimmer soll Entspannung ausstrahlen.

Entscheiden Sie sich für Laken und Bezüge aus reiner Baumwolle. Wählen Sie Rolladen, Rollos oder Jalousien, die das Außenlicht aussperren. Dunkelheit signalisiert dem Gehirn, dass Schlafenszeit ist. Verwöhnen Sie sich mit Stoffen und Farben, die sinnlich oder beruhigend wirken. Vielleicht haben Sie auch Lust, den Tipp meiner Freundin Liz zu befolgen und beim nächsten Anstrich der Wandfarbe etwa 30 ml ätherisches Öl beizumischen. Jeder besänftigende oder anregende Duft ist dafür geeignet. Liz ist felsenfest überzeugt, dass ihre Spezialmischung dazu beigetragen hat, ihre wahre Liebe anzulocken – sie traf *ihn* nur wenige Tage, nachdem sie ihr Schlafzimmer neu gestrichen hatte.

Wenn Sie sich eine solche Umgebung geschaffen haben, regt sich in Ihnen vielleicht auch der Wunsch, Ihren Tag nach ayurvedischen Prinzipien zu gestalten, denen zufolge der Auf- und Untergang der Sonne mehr mit Ihrem Wach- und Schlafrhythmus zu tun hat als die Tatsache, dass Edison die Glühbirne erfunden hat. In den Abendstunden zwischen 18 und 22 Uhr dominieren Langsamkeit und Schwere. Falls Sie vor zehn zu Bett gehen, erleichtert Ihnen diese Schwere das Ein- und Durchschlafen. Wenn sie nach 22 Uhr 30 noch wach sind, einer Phase also, in der wieder die stimulierende Energie vorherrscht, verspüren Sie noch einmal einen Auftrieb, der allerdings auf Kosten Ihres gesunden Nachtschlafs geht.

Sechs Uhr früh ist nach ayurvedischer Vorstellung die

beste Aufwachzeit, weil unser Energielevel um diese Stunde seinen Spitzenwert erreicht. Man kann auch bis sieben schlafen und immer noch davon profitieren, danach jedoch muss man auf diesen morgendlichen Energie-Kick verzichten. Ich weiß, dass Nachtmenschen dies in Abrede stellen würden. Trotzdem: Wenn Ihre Vitalität zu wünschen übrig lässt, überprüfen Sie Ihre Schlaf- und Wachzeiten.

Benutzen Sie einen leisen Wecker, bis Sie sich an Ihren neuen Rhythmus gewöhnt haben und von alleine aufwachen. Mein Wecker weckt mich mit einer hübschen Melodie statt mit einem Piepton, sodass ich, falls ich mal früher als üblich aus den Federn muss, nicht so brutal aus dem Schlaf gerissen werde. Der morgendliche Übergang des Erwachens sollte sich nämlich sanft und allmählich vollziehen. So hat man nicht nur mehr vom genossenen Schlaf, sondern erinnert sich auch besser an seine Träume.

Falls Sie manchmal schlecht einschlafen können, kann Ihnen ein Zubettgehritual helfen. Überlegen Sie sich, wie Sie Ihren Tag gerne ausklingen lassen würden: Vielleicht, indem Sie Ihre Türen abschließen, die Jalousien runterlassen, noch mal einen Blick auf die schlafenden Kinder werfen, Ihrer Körperpflege frönen oder sich spirituellen Übungen widmen. Tun Sie dies alles langsam, gemächlich und im Bewusstsein, dass jeder Schritt Sie Ihrem erholsamen Schlaf näher bringt.

Erleichtern Sie sich das Einschlafen, indem Sie Koffein (Cola und schwarzen Tee ebenso wie Kaffee) und Alkohol im späteren Tagesverlauf meiden. Ein Glas Wein kann das Einschlafen zwar beschleunigen, mindert aber sowohl die Schlaftiefe wie auch die Schlafdauer. Sport sollte man schon früh am Tag treiben, damit zu dem Zeitpunkt, zu dem man schlafen möchte, keine belebenden Endorphine (körpereigene Stimmungsaufheller, die bei körperlicher Belastung ausgeschüttet werden) mehr durch den Kreislauf pulsen.

Das Kalzium in der warmen Milch, die unsere Mutter uns früher ans Bett gestellt hat, kann tatsächlich zur Entspannung beitragen; Sojamilch erfüllt den gleichen Zweck und hat gleichzeitig krebsverhütende und hormonstabilisierende Eigenschaften. Manche Menschen schwören auf die einschläfernde Wirkung von einem Glas Wasser und geben dazu eine Prise Salz auf die Zunge. Auch Kamillentee ist ein mildes Einschlafmittel. Ebenso wie der Duft von Lavendelöl. Mischen Sie drei bis fünf Tropfen mit einem Esslöffel Pflanzenöl, und gießen Sie es in Ihr warmes Bad. Oder träufeln Sie einen Tropfen davon auf Ihre Kopfkissenkante, damit Sie der Duft in Ihre Träume begleitet.

12.

Kommen Sie zur Besinnung

Meditation und andere Konzentrationstechniken sind für unsere Spiritualität so wichtig wie regelmäßiges Üben für das Beherrschen eines Musikinstruments oder Geduld für das Großziehen von Kindern.

Die Welt ist ein lärmender Ort. Erst in der Stille öffnen wir uns dem Höheren. Deswegen sind Meditation und andere Konzentrationstechniken für unsere Spiritualität so wichtig wie regelmäßiges Üben für das Beherrschen eines Musikinstruments oder Geduld für das Großziehen von Kindern. Die Meditation lässt unsere innere Schönheit erstrahlen, weil sie es dem Geist ermöglicht, ganz in uns zu ruhen. Der Schriftsteller und Performer Quentin Crisp drückte dies treffend aus, indem er sagte: »Richten Sie Ihren Körper nach den Kräften aus, die das Universum durchströmen.« Ihren *Körper*. Natürlich kommen auch

Geist und Seele hinzu, aber, wie es bei den Zen-Buddhisten heißt: Erleuchtung ist kein jenseitiger Zustand; Sie sollen ihn in Ihrer ganzen diesseitigen Leiblichkeit verspüren.

Bei allem gebotenen Respekt bezeichne ich die Meditation als »die Hefe unseres inneren Lebens«. Meditation und Hefe sind Vielzweckmittel. Hefe lässt Brot und süßes Schmalzgebäck aufgehen, ist ein wichtiger Vitamin-B-Lieferant und bewirkt die alkoholische Gärung. Die Konzentration auf unser Inneres in der Meditation führt zu ebenso vielen positiven Ergebnissen – und ist genauso notwendig. Einige Beispiele:

- *Tägliche Zeiten der Stille beruhigen den Geist – während des Meditierens und noch Stunden danach.* Sie werden ausgeglichener. Es muss schon etwas Bedeutsames geschehen, um Sie aus der Ruhe zu bringen. Ihr Stress-Pegel sinkt.
- *Meditation verbessert Ihre Gesundheit.* Studien über Menschen, die transzendentale Meditation praktizieren, haben gezeigt, dass die Zahl ihrer Krankenhauseinweisungen 56 Prozent unter der der Gesamtbevölkerung liegt, sie 87 Prozent weniger Herz-Kreislauf-Erkrankungen und eine 55 Prozent niedrigere Krebsrate

haben. Und jene, die schon über fünf Jahre meditiert haben, sind nach ihrem biologischen Alter 12 Jahre jünger als ihre Altersgenossen, die nicht meditieren.

↔ *Regelmäßiges Meditieren verwandelt den Ort, an dem Sie meditieren.* Wenn Sie bei sich zu Hause meditieren, wird Ihnen Ihre Wohnung bald friedlicher erscheinen. Man wird Sie gerne besuchen und sich bei Ihnen aufhalten. Negative Gefühle zwischen Familienmitgliedern werden abnehmen, auch wenn Sie die einzige Meditierende im Hause sind.

↔ *In den Ruhezeiten kommen Sie mit Ihrer inneren Weisheit und Ihren höheren Fähigkeiten in Kontakt.* In der Stille enthüllen sich Ihnen schöpferische Gedanken, intuitive Einsichten und göttliche Absichten.

↔ *Tägliche Sitzungen helfen Ihnen, Selbstdisziplin zu entwickeln.* Diese Disziplin überträgt sich auch auf andere Lebensbereiche: Man treibt konsequenter Sport, achtet stärker auf seine Ernährung und pflegt sich mit größerer Sorgfalt.

↔ *Durch Meditation werden seelische Fähigkeiten wie Mitgefühl, Großzügigkeit, Mut und Zuversicht kultiviert.* Dieser Aspekt führt über die persönliche Weiterentwicklung hinaus;

er ist gleichbedeutend mit der Realisierung des wahren Selbst, in dem diese Eigenschaften bereits jetzt voll angelegt sind.

⊸ *Meditation macht uns schöner.* Jede Frau, die schon seit längerem regelmäßig meditiert, wird Ihnen bestätigen – falls sie denn nicht zu bescheiden ist –, dass Meditation Falten mildert, den Teint verfeinert und strahlen lässt.

Etwa ein Jahr lang hatte meine Freundin Lynda einen Meditationskurs besucht und auch zu Hause täglich meditiert, als ihr auffiel, dass sie nach dem Kurs besser aussah als vorher. Woche für Woche konnte sie diese kleine Veränderung beobachten. Gleichzeitig begann man ihr zu erzählen, dass sie jünger und ausgeruhter wirke als früher – was die Leute eben so sagen, wenn sie das Strahlen in jemandes Gesicht wahrnehmen und nicht wissen, wie sie es benennen sollen. Jedes Mal bleibt bei der Meditation etwas zurück und immer stärker zeigt sich die innere Schönheit auch nach außen.

Nehmen Sie sich also Zeit zum Meditieren, und zwar am besten morgens zwischen Dusche und Frühstück. Man sitzt mit gerader Wirbelsäule, aber bequem. Versuchen Sie, zwanzig Minuten zu sitzen; wenn Sie keine zwanzig zur Verfügung gaben, reichen auch zehn. Entscheidend ist die Regelmäßigkeit. Jedem kommt mal etwas dazwischen, aber wenn Sie nur unregelmäßig meditieren, verwirren Sie Ihre Seele, die zur Annahme verleitet wird, man kümmere sich um sie, nur um sie dann gleich wieder sitzen zu lassen. Sie wissen, was wir von Männern halten, die Frauen so behandeln. Seien Sie also kein Schuft zu Ihrer Seele.

Die einfachste Meditationsmethode besteht darin, dass man ganz bewusst seinen Atem wahrnimmt, registriert, wie er durch die Nasenlöcher ein- und ausströmt. Das ist schon alles. Ihr Geist kann dabei in alle möglichen Richtungen schweifen. Wenn Sie merken, dass Sie an die Jacke denken, die Sie in einem Schaufenster gesehen haben, oder an die Mathe-Note Ihres Sohnes, versuchen Sie, sich wieder auf Ihren Atem zu konzentrieren. Versuchen Sie nicht krampfhaft nichts zu denken, fangen Sie aber Ihre abschweifenden Gedanken wieder ein.

Wenn Sie wollen, können Sie Ihre »stille Stunde« durch andere ähnliche Dinge ergänzen. Ich zum Beispiel bete als Erstes am Morgen. Und nach dem Duschen bereite ich mich durch Tagebuchschreiben auf meine Meditation vor. Das Schreiben ist eine gute Möglichkeit, sich seinen Gedanken und Anliegen zuzuwenden, ehe man sie für eine Weile hinter sich lässt.

Sie werden ganz unterschiedliche Meditationssitzungen erleben. Mal werden Sie einen Zustand erhabener Ruhe erreichen und entspannt, erfrischt, voller Energie und Ideen daraus auftauchen. Ein anderes Mal wieder werden Sie gar nichts empfinden und sich fragen, warum Sie sich überhaupt die Mühe machen. Unser Tag umfasst 960 wache Minuten. Nur zehn, zwanzig oder dreißig davon setzen wir unseren Körper diesem »Licht« aus, damit wir in der übrigen Zeit ein wenig Licht in die Welt hinaustragen können.

TEIL III

~

Leib und Seele

13.

Freunden Sie sich
mit der Disziplin an

Disziplin heißt jener Bereich,
wo Schönheit und Seele einander begegnen.

Disziplin heißt jener Bereich, wo Schönheit und Seele einander begegnen. Die meisten Frauen, die wir als äußerlich schön betrachten, sind, was Sport und Ernährung und Pflege angeht, sehr diszipliniert. Und jede Frau, deren seelische Schönheit sich in ihrer Ausstrahlung offenbart, legt größten Wert auf ihre spirituelle Praxis, ihr ethisches Gebaren und eine positive Lebenseinstellung.

Selbst auferlegte praktische Übungen sind eine Art Trainingscamp für ein schöneres Leben. Sie bereiten uns – ob wir wollen oder nicht – darauf vor, zur rechten Zeit das Richtige zu tun. Und auch wenn jeder andere Anforderungen an sich stellt, gibt es doch ein paar grundlegende Übungen zur Ausbildung innerer und äußerer Schönheit, die sich jeder zunutze machen sollte. Hier eine kleine Auswahl:

Halten Sie Maß. Maß halten heißt, sich des Schädlichen zu enthalten und sich des Unschädlichen in vernünftiger Weise zu bedienen. Es ist das genaue Gegenteil von Hemmungslosigkeit und kommt sowohl dem Körper als auch der Seele zugute. Um Mäßigung zu üben, sollte man, wo dies möglich ist, halbe oder kleine Portionen beziehungsweise Gläser bestellen. Sie werden dabei merken, wie schwer sich unsere Konsumkultur mit dem »Kleinen«, dem »Maßvollen« tut.

Meditieren Sie täglich. Vielleicht müssen Sie deswegen früher aufstehen, als Sie es bisher gewohnt sind, oder abends früher zu Bett gehen. Was immer es für Sie bedeutet, sorgen Sie dafür, dass Sie wenigstens alle 24 Stunden zu Ihrer spirituellen Auszeit kommen. Eine der schönsten Frauen meines Bekanntenkreises erzählte mir, das ganze Geheimnis ihrer Schönheit liege in der Meditation. »Meditation«, so sagte sie, »bringt eine Aktion im Universum in Gang, statt eine Reaktion in uns selbst auszulösen. Und mehr ist nicht nötig.«

Treiben Sie regelmäßig Sport. Sie wissen, dass sportliche Betätigung die Körpergewebe reinigt, die Ausdauer fördert und die Muskeln kräftigt. Darüber hinaus ist es auch ein hervorragendes Training für alle anderen Aspekte des Lebens. Sport ist das beste Beispiel dafür, wie sich durch Disziplin etwas Gefürchtetes in etwas Belebendes verwandeln kann. So kann man völlig erschöpft nach Hause kommen und sich nur noch fernsehtauglich fühlen; beim Joggen oder beim Fitnesstraining hingegen tankt man wieder so viel Energie, dass es für den ganzen Abend reicht.

Reinigen Sie Ihr Gesicht. Ob mit Seife, nur mit Wasser, mit Lotion oder mit Creme, reinigen Sie es abends auf jeden Fall! Frauen mit schönem Teint legen sich nie mit ihrem Make-up schlafen. Ebenso wenig wie Frauen, die ihr Leben im Griff haben. Selbstkontrolle heißt, dass Ihr Geist Ihrem Körper abverlangt, ein wenig zu warten, bevor er das Gewünschte erhält. Sich drei Minuten Zeit zu nehmen, um sich das Gesicht zu waschen, obwohl man lieber sofort ins Bett fallen würde, ist eine Möglichkeit, diese Fähigkeit zu üben. (Manche holistischen Hautpflegeexpertinnen meinen sogar, man solle die Haut nachts atmen lassen und daher nur tagsüber Creme auftragen. Wenn Sie diesen Rat beherzigen, haben Sie schon wieder zwei Minuten gespart.)

Pflegen sie Ihre Zähne mit Bürste und Zahnseide. Die richtige Zahnpflege kann Ihre Zähne schön und gesund erhalten und sogar einem Herzanfall vorbeugen. (Studien ergaben, dass die im Zahnbelag enthaltenen Bakterien das Herz beeinträchtigen können; die Reinigung mit Zahnseide vermindert das Risiko.) Probieren Sie natürliche Zahnpasten oder Zahnpulver, die in Bioläden und Apotheken erhältlich sind; sie sind besonders angenehm im Geschmack, hochwirksam und frei von chemischen Zusätzen. Für einen frischeren Atem sollte man sich morgens auch die Zunge reinigen. Man benutzt dazu einen Löffel oder Zungenschaber bzw. -reiniger (aus der Apotheke).

Halten Sie Ihre Umgebung in Ordnung. So wie Onkel und Schwiegereltern zum weiteren Familienkreis zählen, stellen Wohnung, Auto und Büro quasi eine Erweiterung unseres Körpers dar. Lassen Sie ihnen deshalb dieselbe Sorgfalt angedeihen wie Ihrem Körper. Sie müssen sich kein Bein ausreißen, sollten Ihre Sachen aber so weit aufräumen, dass Sie sie wiederfinden und ein unerwarteter Gast Sie nicht in Panik versetzt. Ein einfach zu befolgender Grundsatz ist die Anti-Schwerkraft-Regel: Alles, was nicht auf den Boden gehört, sollte auch nicht dort liegen.

Tun Sie Ihre Pflicht. Es gibt große Pflichten: »Ich habe ein Kind bekommen; nun ziehe ich es auf«, und kleine: »Ich werde dieses Verabredung zum Essen einhalten, mich für diesen Gefallen revanchieren oder diesen Brief beantworten.« Kommen Sie all diesen Verpflichtungen nach, es sei denn, eine unbedeutendere gefährdet die Erfüllung einer wichtigeren. Wenn aber die Erledigung Ihrer Pflichten Ihre gesamte Zeit in Anspruch zu nehmen scheint – dann übernehmen Sie vorläufig keine neuen und delegieren Sie nach Möglichkeit einige der gegenwärtigen.

Äußern Sie sich freundlich über andere oder gar nicht. Schweigen ist die schwierigste Übung und Freundlichkeit die größte

Gabe. Den Mund zu halten kann zu einer großen Herausforderung werden und manchmal ist es schwieriger, als eine Herde von Wildpferden im Zaum zu halten. Üben Sie es in Zeiten, wo es Ihnen weniger schwer fällt, denn wenn Sie darauf brennen, eine sarkastische Bemerkung zu machen oder eine Neuigkeit brühwarm weiterzutratschen, werden Sie sich schwerlich beherrschen können.

Lernen Sie Neues. Versuchen Sie Antworten zu finden – auf Ihre eigenen Fragen und auf die Ihrer Kinder. Schlagen Sie Ihnen unbekannte Ausdrücke nach. Lesen Sie. Stellen Sie Fragen. Belegen Sie Kurse. Gewöhnen Sie es sich an, jeden Tag etwas Neues dazuzulernen und jemand anderem davon zu erzählen; auf diese Weise prägen Sie sich das Gelernte besser ein.

Suchen Sie jeden Tag nach Gelegenheiten, Menschen zu dienen. Wenn ich meine Lieblings-Yogaschule anrufe, meldet sich die Rezeptionistin mit den Worten: »Integral Yoga Institute, womit kann ich Ihnen dienen?« Den Geist dieser Frage versuche ich mir immer dann zu vergegenwärtigen, wenn ich mich am Telefon oder sonst versucht fühle, barsch zu entgegnen: »Was ist denn jetzt schon wieder?« Die Disziplin liegt in diesem Falle darin, dass wir niemals vergessen, dass wir alle Diener sind. Es geht hier nicht darum, uns klein zu machen: Auch Beamte und Minister gelten als Staatsdiener (»Minister« bedeutet im Lateinischen »Diener«). Die Haltung des Dienens hat nichts mit an Erschöpfung und Groll grenzender Selbstaufopferung zu tun. Dienen muss man mit Klugheit und Überlegung, damit man auch am nächsten Tag noch Reserven hat.

»Tue jeden Tag etwas, das Dir zuwider ist; dies ist die goldene Regel, nach der du dir die Gewohnheit müheloser Pflichterfüllung erwirbst«, meinte Mark Twain und liegt damit auch heute noch richtig.

14.

Entdecken Sie Yoga

*Yoga kann dem Körper zu einem Grad an Gesundheit verhelfen,
wie es normales sportliches Training nicht vermag.*

Yoga kann Ihnen einen besseren Zugang zu Ihrer Seele
verschaffen, Ihnen mehr Zutrauen zu Ihrem Körper
schenken und Glücksgefühle erzeugen, wo früher nur
Ängste waren. Der Ausdruck »Yoga« bedeutet Vereinigung: mit dem Göttlichen, mit Ihrem wahren Wesen, mit
der höchsten Glückseligkeit. Hatha Yoga umfasst Atemübungen, sanfte Bewegungen und statische Haltungen,
die Kraft, Biegsamkeit und Ausgeglichenheit verleihen.
Nach und nach gewinnen diese Eigenschaften eine Qualität, die über das rein Körperliche hinausgeht und sich in
Charakterstärke, einer flexiblen Einstellung und einem
ausgeglichenen Leben manifestiert.

Als ich mit siebzehn zum ersten Mal mit Yoga Bekanntschaft machte, erfreute es sich noch nicht seiner heutigen Popularität. Die Praktik und die Praktizierenden galten als »etwas verschroben«. Es gab nur wenige Bücher darüber. Eines, erinnere ich mich, trug den Titel *Forever Young, Forever Beautiful*. Aber ob verschroben oder nicht, für immer jung und schön sein war genau das, was ich wollte.

Der erste Profit, den ich aus den leichten Dehn- und Gleichgewichtsübungen und der ruhig-konzentrierten Atmosphäre des Yogakurses zog, war ein Gefühl für meinen Körper. Zuvor hatte ich immer nur im Kopf gelebt und den Rest ignoriert. Da ich mir bei meinem Kopf keine Gedanken um Übergewicht und falsche Proportionen machen musste, fühlte ich mich dort einfach sicherer. Durch Yoga gelang es mir, mir meiner unterhalb des Halses gelegenen Körperpartien allmählich wieder bewusst zu werden. Es war, als zöge ich aus einem voll gestopften Zimmer in ein geräumiges Haus: Endlich konnte ich mich ausdehnen. Und als ich bereit war, meinen Körper anzunehmen, war er auch bereit, gesünder und biegsamer zu werden.

Heutzutage ist es nicht schwer, einen Yogakurs zu finden, aber geben Sie sich nicht mit dem Erstbesten zufrieden. Einige moderne Yoga-Varianten unterscheiden sich kaum von den Aerobic-Kursen, die jedes Fitness-Studio im Angebot hat. Viele sind ziemlich oberflächlich und auch nicht für jeden Körper und jedes Alter geeignet. In manchen Studios ist die Beleuchtung sehr grell oder sind alle Wände verspiegelt, um den Wettbewerb zwischen den Trainierenden anzustacheln. Falls Sie eine solche Umgebung anregend finden – wunderbar. Falls aber nicht, sollten Sie nach einem traditionellen Hatha-Yoga-Kurs Ausschau halten. Sie erkennen ihn an der gelassenen Atmosphäre und daran, dass der Blick eher nach innen gerichtet ist. Alles vollzieht sich gemächlich, und Ihre gegenwärtige Fitness ist der ideale Ausgangspunkt.

Die Weisen, die die Yoga-Übungen niederlegten, waren Hindus, doch Yoga selber ist keine Religion. Anhänger aller Konfessionen und auch Nichtgläubige können es erfolgreich praktizieren. Die spirituelle Komponente des Hatha-Yoga ergibt sich daraus, dass man durch die Übungen einen Körper entwickelt, der uns für die Vereinigung mit dem Himmel und für den Dienst auf Erden vorbereitet. Abgesehen davon kann es uns zu einem Grad an Gesundheit verhelfen, wie es normales sportliches Training nicht vermag. Während sich das übliche Fitnesstraining auf kardiovaskuläre Funktionen von Armen, Beinen, Bauch und Gesäß beschränkt, wirkt Yoga auch auf die Drüsen, die unsere Körperfunktionen regulieren. Zu einem Yogakurs gehören Übungen für vernachlässigte Körperteile wie Augen, Finger, Zehen und vor allem die Wirbelsäule. Auch Kopfstände, die das endokrine System anregen und die Durchblutung des Kopfes stärken, gehören dazu und verbessern die Gesundheit von Haut und Haar.

Darüber hinaus können Sie Gesänge intonieren, die zur Reinigung von Körper und Geist beitragen; Atemübungen machen, die die Sauerstoffversorgung versiebenfachen; sowie meditieren, um Ihren Geist zu beruhigen und die positiven Wirkungen der Übungen zu verstärken. Nach einem Yogakurs oder Yogaübungen zu Hause werden Sie sich – unabhängig von Ihren Lebensumständen auch nach einem ermüdenden Tag – glücklich und belebt fühlen, entspannt, ruhig und geistig klar. Und falls Sie je bezweifelt haben, dass Körper, Geist und Seele eine Einheit bilden und dass das Wohlbefinden eines Teils von dem der anderen abhängt, wird Yoga Sie ganz schnell überzeugen.

15.

Befreien Sie sich vom Gift

*Fasten in der richtigen Geisteshaltung und aus
den richtigen Motiven kann Sie so erstrahlen lassen
wie eine neue Liebe.*

Nirgends wird die Verbindung von Leib und Seele offensichtlicher als in der klösterlichen Regel: »Bete und faste.«
In jeder Religion finden sich ähnliche Gebote, auch wenn
das Fasten heutzutage schon sehr verwässert ist und sich
auf den Verzicht auf Fleisch und Süßigkeiten während
der Fastenzeit beschränkt. Der Geist der Lehre jedoch ist
immer noch erkennbar: Im Verzicht schaffen wir Raum in
uns für das Göttliche, für mehr Licht.

Auch was die körperliche Entschlackung anbelangt,
kann das Fasten auf eine ehrwürdige Tradition verweisen.
Hippokrates beschrieb bereits seine heilende Wirkung
und eine zunehmende Zahl von modernen Ärzten be-

dient sich der Fastenkur, um dem Körper eine Ruhepause zum Abheilen zu gönnen.

Viele Fastende registrieren – auch wenn sie nur aus gesundheitlichen Gründen auf das Essen verzichten – im Laufe der Kur eine erhöhte spirituelle Empfänglichkeit. Wenn ein Mensch sehr wenig isst oder sogar nur Wasser trinkt, verstärkt sich das Gefühl, allein durch eine höhere Macht beziehungsweise geistige Kräfte genährt zu werden.

Fasten in der richtigen Geisteshaltung und aus den richtigen Motiven kann Sie so erstrahlen lassen wie eine neue Liebe. Theoretisch gilt: Durch das Herunterfahren des energieaufwendigen Verdauungsprozesses wird der Körper in die Lage versetzt, seine Selbstheilungskräfte zu aktivieren. Der Körper veranstaltet ein Großreinemachen und scheidet in beschleunigtem Tempo Giftstoffe aus. Das Resultat sind strahlende Augen, reine Haut und jugendliche Frische. (Selbstverständlich verliert man auch an Gewicht, doch handelt es sich zum größten Teil um Wasser, das sich, sobald man wieder zu essen beginnt, erneut im Gewebe einlagert. Fasten dient der Reinigung, nicht der Gewichtsabnahme.)

Vor Jahren verbrachte ich einmal die Woche zwischen

Weihnachten und Neujahr mit 125 anderen Leuten bei einer siebentägigen Fastenkur in der Turnhalle der Ebenezer Baptist Church von Atlanta, wo einstmals Dr. Martin Luther King Pastor gewesen ist. Wir kamen aus allen Landesteilen, um die Woche zwischen den Jahren ohne Essen zu verbringen und die Aufmerksamkeit der Gesellschaft auf den Hunger in der Welt zu lenken. Wir tranken lediglich Wasser, wenn auch der verantwortliche Arzt einen Esslöffel Melasse und einen Esslöffel Zitronensaft pro Gallone (vier Liter) beigab – damit das Wasser schmackhafter wurde und wir genug davon tranken.

Während der ersten beiden Tag verspürten wir Hunger. In den nächsten drei Tagen fühlten wir uns schwach. An Silvester jedoch stellten die meisten fest, dass ihre Energie zurückgekehrt war und mit ihr eine außergewöhnliche geistige Klarheit, kreative Gedanken und eine Schönheit, die wir vorher nicht besessen hatten.

Niemand sollte ohne kompetente ärztliche Aufsicht eine Woche lang »wasserfasten«, und niemand, der sich in ärztlicher Behandlung befindet oder regelmäßig Medikamente einnimmt, sollte es ohne ausdrückliche Zustimmung seines Arztes wagen. Bei einigen Beschwerden (Diabetes, Hypoglykämie, Anämie und Magersucht etwa) kann Fasten überaus gefährlich werden. Sogar bei einem gesunden Menschen kann vollständiges Fasten zu einer derart rapiden Entgiftung führen, dass eine modifizierte Kurzfastenkur oder eine Reinigungsdiät eher anzuraten sind. Die Reinigung vollzieht sich dabei langsamer als beim Wasserfasten, sodass man sich auch während der Kur wohl fühlt und nicht das Bett hüten muss. Viermal jährlich unterziehe ich mich beim Wechsel der Jahreszeiten einer modifizierten Fastenkur, damit ich jede Jahreszeit mit dem Gefühl von Stärke und Zusammenhalt beginne.

Hier eine Auswahl von modifizierten Fastenkuren.

↬ *Die sommerliche Obstkur:* 1. Tag: Honigmelone; sie hat gerade am Anfang einer Fastenkur etwas Tröstliches und darüber hinaus eine entschlackende Wirkung. 2. Tag: Wassermelone, gut für Leber und Nieren. 3. Tag: Papaya und Mango, um die Verdauung anzuregen.

↬ *Die dreitägige Apfeldiät:* Essen Sie drei Tage lang nur rotschalige Äpfel und zwar so viele, wie Sie wollen. Am Ende des dritten Tages können Sie außerdem einen Esslöffel Olivenöl einnehmen.

⤙ *Das Wochenend-Saftfasten:* Beginnen Sie am Freitag und trinken Sie bis zum Sonntagabend nur frisch gepresste Säfte. Gemüsesäfte können unverdünnt genossen werden; Obstsäfte sollten mit der gleichen Menge Wasser verdünnt werden. Trinken Sie täglich nicht mehr als zwei Liter.

Zu jeder dieser Teilfastenkuren sind beliebige Mengen an Kräutertee erlaubt (eine dampfende Tasse Süßholztee schmeckt während des Fastens wunderbar). Und trinken Sie tagsüber reichlich Wasser. Am Ende der Fastentage steigt man allmählich wieder auf gehaltvollere Nahrungsmittel um. Am ersten und zweiten Tag hält man sich an leichte Dinge wie Obst, Salate und gedämpftes Gemüse. Ab dem dritten Tag kann man zu seinen normalen Ernährungsgewohnheiten zurückkehren. Falls Sie Ihr Essverhalten langfristig verändern wollen, ist dies die ideale Zeit dafür, da sich Ihr Geschmack nach dem Kurzfasten verfeinert hat und Sie regelrechten Heißhunger auf frische, gesunde Lebensmittel entwickelt haben. Setzen Sie fort, was Sie mit Ihrer Kur begonnen haben, und essen Sie mehr frisches Obst und Gemüse, und trinken Sie täglich ein bis zwei Gläser frischen Saft. Mit all den Vitaminen, Mineralien, Enzymen und Phytochemikalien kann der Ausgießschnabel des Entsafters zum wahren Jungbrunnen werden.

Planen Sie Ihre Fastenzeit so, dass Sie an wenigstens zwei der drei Tage zu Hause sein und sich auch für das spirituelle Erleben Zeit nehmen können. Vielleicht stellen Sie ja sogar das Telefon ab und lassen E-Mails E-Mails sein, sodass Sie sich ganz auf Ihr inneres Geschehen konzentrieren können. Verwenden Sie mehr Zeit auf Gebet, Meditation und das Tagebuchschreiben. Widmen Sie sich inspirierender Lektüre oder hören Sie sich ein Audio-Buch an. Auch wenn man sich sportlich nicht übernehmen sollte, ist gegen Spaziergänge in schöner Umgebung oder eine kleine Yoga- oder Tai-Chi-Sitzung nichts einzuwenden. Ratsam ist auch ein Mittagsschlaf oder wenigstens eine Mittagsruhe. Hektik und Verpflichtungen sollen in den Hintergrund treten. Wenn Ihnen dann am Montag alle sagen, wie ungeheuer ausgeruht Sie wirken, können Sie ihnen erzählen, dass Sie am Wochenende einen Kurzurlaub gemacht haben, was nicht einmal gelogen ist.

16.

Helfen Sie Ihrem Körper, richtig zu funktionieren

*Sehen Sie sich als Frau von königlicher Herkunft,
und gehen Sie entsprechend mit sich um.*

Einen Körper zu besitzen, heißt vor allem, handeln und fühlen zu können. Aus diesem Grund müssen wir genau spüren, was in unserem Körper vorgeht. Auch sollte unser Körper optimal funktionieren können. Architekten sagen, dass die Form der Funktion folgen muss. Das gilt – gewissermaßen – auch für unsere Körper. Wenn wir auf hohem Niveau funktionieren oder es zumindest anstreben, dann versucht unser Körper mitzuhalten. Ein gutes Beispiel dafür bietet die Muskelentwicklung bei sportlicher Betätigung: Man fordert dem Körper immer etwas mehr ab, als er bei gegebener Kondition eigentlich leisten kann, sodass er die fehlende Muskelkraft nach und nach aufbaut. Wir können die Funktionstüchtigkeit unseres Körpers auch steigern, indem wir uns um eine gute Haltung bemühen und uns massieren lassen.

Eine gute Haltung steigert die Funktion der Organe, lässt die Kleidung besser sitzen und verleiht eine selbstbewusstere Ausstrahlung. Dennoch ist »Haltung« ein unscharfer Begriff. Er erinnert uns an das steife Gebaren eines Rekruten, der wirkt, als würde er eher wie ein Stock durchbrechen, als Flexibilität an den Tag zu legen. Denken Sie lieber an das Wort »Anmut«. Was sehen Sie vor sich? Eine Ballerina? Eine indische oder afrikanische Dorfbewohnerin, die einen Wasserkrug auf dem Kopf balanciert? Ein Kind, das noch Freude hat an der Bewegung? Die Tänzerin bewegt sich nach vorgegebenen Schrittfolgen. Die Dorfbewohnerin bewegt sich so, wie sie es zeitlebens bei anderen Frauen gesehen hat. Das Kind bewegt sich wie jeder Mensch, ehe ihn gewisse Konventionen daran hindern. Jeder kann sich mit solcher Gewandtheit bewegen. Die Weise, in der man geht, sitzt, steht ist der äußere Ausdruck einer inneren Verfassung. Nicht eine Haltung von der »Schultern zurück, Brust raus, Bauch rein«-Sorte wird hier angestrebt, sondern ein

»Schreiten Sie stolz aus, atmen Sie tief ein und vergessen Sie nie, wer Sie sind.«

Dies alles vollzieht sich eher unbewusst (als Resultat von Selbstvertrauen und Selbstgefühl) als bewusst (indem man sich ständig zu einer aufrechteren Haltung zwingt). Verbessern Sie Ihre Haltung lieber von innen heraus. Sehen Sie sich als eine Frau von königlicher Herkunft, und gehen Sie entsprechend mit sich um. Reden Sie sich immer wieder ein, dass Sie anmutig sind und sich mit Lässigkeit und Eleganz bewegen.

Sobald Sie merken, dass Sie durchhängen, richten Sie Ihren Körper langsam wieder auf, indem Sie ihn daran erinnern, dass Sie »Statur« besitzen. Tadeln Sie sich aber nicht; richten Sie Ihren Körper nur ein wenig auf, so vorsichtig, wie Sie ein Kind hochheben würden, das hingefallen ist. Stellen Sie sich vor, Sie seien mit einem an Ihrem Scheitel befestigten goldenen Tau mit dem Himmel verbunden. Lassen Sie sich, statt die Brust herauszudrücken, einfach von diesem Tau »herabbaumeln«. Allein die Vorstellung wird bewirken, dass sich Kopf, Hals und Schultern von selbst ausrichten. Sie hebt Ihren Brustkorb, sodass er nicht einfällt (was Ihre Schulter nach vorne hängen lässt und einen müden und schüchternen Eindruck hervorruft).

Falls Sie Yoga (siehe Kapitel 14) oder eine andere Form von Stretching praktizieren, wissen Sie schon, dass durch sie angespannte Muskeln gelockert werden und eine organischere und anmutigere Fortbewegung ermöglicht wird. Damit dieser muskuläre Spannungsabbau längerfristige Wirkungen zeitigt, müssen Sie nach jeder Stretch-Übung eine kurze Ruhepause einlegen. Im Yoga hat die Stellung der Tiefenentspannung den Namen *Savasana*. Man legt sich dabei mit schulterbreit gespreizten Füßen auf den Rücken; die Arme liegen – in bequemer Entfernung vom Körper – an den Seiten. Schließen Sie die Augen. Lassen Sie den Kopf zur Seite fallen, sodass Ihr Hals locker ist. Atmen Sie normal. Entspannen Sie sich ein, zwei Minuten lang. Stellen Sie sich vor, wie Sie sich natürlich und anmutig bewegen. Durch diese Übung kann man das mit Dehnübungen Begonnene effektiv verstärken. Es benötigt ein wenig Zeit, lohnt sich aber auf jeden Fall.

Eine weitere Möglichkeit, sich Heilung und Entspannung angedeihen zu lassen und zugleich die blockierten Kommunikationskanäle zwischen Körper und Geist wieder zu öffnen, bietet die Massage. Es ist unglaublich, dass etwas so Angenehmes tatsächlich zu den präventivmedizinischen Verfahren zählt. Aber glauben Sie es ruhig.

Die therapeutische Massage steigert die Immunabwehr, flexibilisiert die Gelenke, verbessert die Durchblutung und mindert Stress-Symptome sehr wirkungsvoll. Darüber hinaus hilft Ihnen die Massage, Ihren Körper zu akzeptieren. Es ist Ihr Körper. Und das ist gut so.

Falls Sie sich schon haben massieren lassen, es aber bereits eine Weile her ist, vereinbaren Sie möglichst bald einen neuen Termin. Die Immunwirkung soll nämlich nur einundzwanzig Tage anhalten. Falls Sie dieses Vergnügen noch nicht genossen haben, so suchen Sie sich einen staatlich geprüften Masseur mit einer medizinischen Massagepraxis – die häufig auch noch andere physikalische Verfahren wie Lymphdrainage, Fango oder Sportphysiotherapie anbietet. Eine der gängigsten Massageformen ist die schwedische Methode, mit der man auch am besten beginnen sollte; die Schwedische Massage entspannt Muskeln und Geist und verbreitet ein herrliches Wohlgefühl. Zu den somatischen Therapieformen gehören auch die Akupressur oder Shiatsu, bei denen auf spezielle Körperpunkte Druck ausgeübt wird, um angestaute Energien freizusetzen. Unter Reflexzonenmassage versteht man eine Behandlung der Füße und mitunter auch der Hände, wobei besondere Punkte stimuliert werden. Man geht davon aus, dass diese Punkte mit den verschiedenen Körperorganen korrespondieren, deren Funktion man durch Stimulation der Reflexpunkte steigern kann. Bei der manuellen Lymphdrainage wird die Oberfläche der Haut auf behutsame Weise stimuliert, um das lymphatische System bei der Entschlackung unseres Körpers zu unterstützen.

Suchen Sie sich die Therapie aus, die Ihnen besonders gut tut. Probieren Sie auch ruhig hin und wieder einen neuen Therapeuten aus. Regelmäßige Massage hilft Menschen, die ganz in ihrem Beruf oder ihrer Familie aufgehen, wieder auf den Boden zu kommen und sich wieder in ihrem Körper zu Hause zu fühlen. Sie ist eine angenehme Möglichkeit, sich ganz im Hier und Jetzt zu fühlen, heilende Berührung zu erfahren und Ihren Körper für sein geduldiges Funktionieren zu belohnen.

17.

Sprechen Sie mit Ihrer
wahren Stimme

In Ihrer Stimme spiegelt sich Ihre jeweilige Stimmung wider.

Mit meinem Körper hatte ich Frieden geschlossen, lange bevor ich mich mit meiner Stimme aussöhnte. Wie viele Frauen empfand ich sie als zu hoch und kindlich. Mein Spruch auf dem Anrufbeantworter gefiel mir nur dann, wenn ich ihn während einer Erkältung aufgenommen hatte. Deshalb meldete ich mich irgendwann zum Sprech-Training an. »Ich möchte klingen wie Lauren Bacall«, sagte ich zu meinem Lehrer und erwartete irgendwelche Einwände hinsichtlich Luftröhre, Kehlkopf und Zwerchfell. Stattdessen fragte er nur: »Was, meinen Sie, hat Lauren Bacall, das Sie nicht haben?« Da ich keine Zeit hatte, mir was zu überlegen, platzte ich mit der Wahrheit heraus: »Sie klingt, als wüsste sie, wer sie ist.«

Angesichts dieser »Offenbarung« schlug mein Lehrer vernünftigerweise vor, dass wir erst einmal feststellen sollten, wie meine wahre Stimme eigentlich klingen müsste. Falls sie mir nicht gefiel, könne ich es ja immer noch mit Lauren Bacall probieren. Ich war ganz offen. Offenheit ist ein Zustand, in dem man weder für noch gegen etwas ist, sondern einfach nur bereit, es zu probieren. In Bezug auf unsere Stimme können wir viel von dieser Offenheit gebrauchen, denn unsere Stimme macht uns sichtbar im Reich der Töne und damit in dieser auditiven Dimension auch verwundbar.

Durch die Sprache treten wir mit anderen Menschen in Kontakt. Als menschliche Wesen haben wir ein großes Verlangen nach Kommunikation, doch jedes Mal, wenn wir den Mund aufmachen, riskieren wir eine Abfuhr, Zurückweisung, Missverständnisse. Deswegen schützen wir uns, indem wir wie eine andere Person oder eine jüngere Ausgabe unserer selbst reden und klingen, denn diese anderen sind ja nicht da und können folglich auch nicht abgewiesen werden. Eine verwandte Taktik ist das Flüstern, das andere zu angestrengtem Lauschen zwingt, oder das Brüllen, das etwas Vergewaltigendes hat. Und schließlich können wir auch noch versuchen, mit verstellter, tieferer Stimme zu sprechen – was ich damals eigentlich anstrebte –, weil wir der überholten Auffassung anhängen, dass männliche Attribute mehr Wert besäßen als weibliche.

Die Alternative ist, unsere wahre Stimme zu entdecken, um mit ihr unser wahres Selbst zum Ausdruck zu bringen. Was uns dazu motiviert, unsere körperliche Attraktivität zu entwickeln, kann uns auch dazu bewegen, eine schöne und authentische Stimme herauszubilden. Stimmen sind so unterschiedlich wie ihre Besitzer, und einer deutlich artikulierenden, gelösten, freien und klaren Stimme zu lauschen, ist ein Vergnügen. Menschen, die die Sprache von Politikern und Medienleuten beurteilen, unterscheiden zwei Bereiche: Inhalt und Vortrag. Wenn Sie vom Inhalt Ihrer Rede (was Sie sagen) überzeugt sind, so bereichert dies Ihren Vortrag (wie Sie es sagen).

Nehmen Sie daher Ihr Wissen, Ihre Meinungen, Ihre Bedürfnisse sowie das Recht, sie zu äußern, sehr ernst. Wenn wir permanent über etwas reden, aber doch nichts Genaues sagen, vergessen wir, dass wir tatsächlich Wichtiges mitzuteilen haben. Versuchen Sie, sich einmal eine Woche lang verbal zurückzuhalten. Seien Sie dabei nicht rüde oder unfreundlich, unterlassen Sie es lediglich, unnötige Gespräche zu initiieren und Small Talk zu machen. Sagen Sie, was zu sagen ist, und vermeiden Sie überflüssiges Geschwätz. Es ist sehr erhebend, zu wissen, dass man während dieser einen Woche nicht geschwafelt, niemanden gelangweilt und nichts gesagt hat, das man später bereuen könnte. Abgesehen davon fühlt man sich vitaler (Reden kostet beträchtliche Energie) und stellt fest, dass einem die Leute umso besser zuhören, je weniger Worte man macht.

Was den Klang Ihrer Stimme angeht, so werden Sie feststellen, dass sie wahrscheinlich sehr viel besser klingt, als Sie dachten. Falls Sie eine ungewöhnliche Stimme haben, so wissen Sie es sowieso schon, weil man es Ihnen oft gesagt hat. Doch wenn Ihre Stimme bloß angenehm ist, wissen Sie womöglich gar nicht um ihre Schönheit und würden sie, wenn Sie sie auf Tonband hören, am liebsten löschen. Wenn man Ihre Stimme allerdings nicht in einem professionellen Tonstudio aufgenommen hat, können Sie nicht wissen, wie andere Menschen sie hören. Ihre Stimme danach zu beurteilen, wie sie auf Ihrem Kassettenrekorder oder Ihrem Anrufbeantworter klingt, ist so, als würden Sie Ihre Figur danach beurteilen, wie sie in einem billigen Fummel aussieht. Sie werden ihr nicht annähernd gerecht.

Wenn Sie sich von der Qualität Ihres »Rohmaterials« überzeugt haben, sollten Sie Ihre Stimme mit all den Eigenschaften ausstatten, die Ihr wahres Selbst, Ihr inneres Licht am besten ausdrücken. Formulieren Sie entsprechende Affirmationen, die Sie wiederholen, bis sie Ihnen in Fleisch und Blut übergegangen sind. Sprechen Sie laut, da es ja um Ihre Stimme geht. Zum Beispiel:

> *»Meine Stimme ist wie eine liebevolle Berührung,*
> *sanft und tröstlich.«*

> *»Meine Stimme ist wie eine stille Quelle,*
> *tief und erfrischend.«*

> *»Meine Stimme ist wie ein Steinway-Flügel,*
> *voll und wohltönend.«*

Wie jeder andere Teil Ihrer Physiognomie glaubt auch Ihre Stimme, was Sie über sie sagen und bemüht sich, Ihrer Einschätzung zu entsprechen.

Sie können Ihre Stimme durch eine tiefere Atmung unterstützen. Sprechen ist, um es ganz einfach zu sagen, die Fusion von Atem und Gehirn: Man fasst einen Gedanken und setzt so viel Atemdruck dahinter, dass sich ein Laut bildet. Bei der Tiefenatmung, wie die Yogis sie lehren, sitzt man mit geradem Rücken auf dem Boden und atmet langsam, sodass sich zuerst die Bauchmuskeln, dann die Muskeln des Oberbauchs und schließlich die des Brustkorbs bewegen. Das kontrollierte Ausatmen erfolgt in umgekehrter Richtung – Brust, Oberbauch, Bauch. Man spricht von dreiteiliger Atmung, weil man sich dabei voll auf die genannten drei Körperteile konzentriert. Praktizieren Sie diese Atmung täglich zwei bis drei Minuten lang. (Die Zeit vor der Meditation ist ideal dafür.) Sie wird Ihrem Körper mehr Sauerstoff zuführen, Ihre Lungen stärken und auf diese Weise die physischen Rahmenbedingungen für Ihre optimale Stimmentwicklung schaffen.

Davon abgesehen, sollten Sie sich lockern und probieren, alle möglichen Töne zu erzeugen. Singen Sie, auch wenn man Ihnen immer wieder erzählt hat, Sie könnten weder Ton noch Melodie halten. Imitieren Sie Stars! (Mein Mann soll früher auf seinem Anrufbeantworter Elvis, Richard Nixon und Ross Perot nachgeahmt haben.) Wenn Sie Ihren Kindern vorlesen, geben Sie den Figuren in den Geschichten richtige Helden- und Schurkenstimmen, und fauchen, grunzen und brüllen Sie nach Herzenslust. Vielleicht bringt Sie ja ein tiefes, inbrünstiges »Muuuh« am schnellsten in Kontakt zu Ihrer starken natürlichen Stimme.

Und nicht vergessen: Alles, was man für Körper und Geist tut, kommt auch der Stimme zugute, in der sich stets Ihre augenblickliche Stimmung widerspiegelt. Sie wissen, wie oft man am Telefon sagt (oder hört): »Du klingst toll!«, oder: »Du klingst nicht so gut.« Unsere Stimme verrät Glück, Traurigkeit, Zorn, Angst und Erregung, auch wenn wir uns bemühen, diese Gefühle zu verbergen. Diese Tendenz versetzt eine Frau, die Sport treibt, sich massieren lässt und sich in ihrem Körper zu Hause fühlt, auch in die Lage, nach und nach eine kräftigere und selbstbewusstere Stimme zu entwickeln. Darüber hinaus kann unsere sich in Meditation, Engagement und Nächstenliebe ausgedrückte Spiritualität auch dem Klang unserer Stimme Wärme und Fülle verleihen. Je mehr Zeit wir unserem Geist widmen, umso angenehmer wird unsere Stimme.

Geben Sie Ihrer Stimme also die Chance und die Ehre, sich zum Medium von Lebensfreude und Charme zu entwickeln. Denn wenn sie Liebe, Mitgefühl oder ehrliches Lob zum Ausdruck bringt, kann sie gar nicht anders klingen als schön.

TEIL IV

~

Nur zum Vergnügen

18

Kreieren Sie Ihre persönliche Mode

Behalten Sie nur die Kleidungsstücke,
denen man ansieht, dass es Ihre sind.

Man hat uns eingetrichtert, dem Aussehen von Mannequins nachzueifern beziehungsweise immer die aktuelle Mode und die zu unserer Gesichtsform passenden Frisuren zu tragen. Wie wäre es, wenn Sie einmal aussähen, sich anzögen und frisierten wie Sie selber, beziehungsweise wie es Ihrer inneren Befindlichkeit entspricht?

Ich hatte auch noch nie an so etwas gedacht, als man mich eines Tages zum privaten Schlussverkauf einer Boutique antiker Modellkleider einlud. Allein das Dortsein – unter all der Geschichte, all den herrlichen Roben – war aufregend. Ich war hingerissen von der Handstickerei, den feinen Knöpfen und den Innenfuttern, die die Mäntel und Kleider aus der ersten Hälfte des zwanzigsten Jahrhunderts beim Ausziehen genauso gut aussehen ließen wie beim Hineinschlüpfen.

Ich entschied mich für ein erstaunlich gut erhaltenes Kleid aus den dreißiger Jahren. Es bestand aus einem wunderbaren Crêpe – aus einer Zeit, in der es noch keine synthetischen Stoffe gab. Offenbar war es einmal pink gewesen war, aber jetzt hatte es einen zarten Pfirsichton und war seitlich, unter dem Arm, mit Haken und Ösen zu schließen. Als ich die Haken eingehakt hatte und in den Spiegel blickte, wurde mir klar, dass ich in diesem Kleid absolut authentisch – eben wie ich selber – aussah. Und es kam mir der Gedanke, dass ich hier womöglich zum ersten Mal – zumal in Kleidern – mein wahres Spiegelbild erblickte.

Dies lehrte mich, dass meine Psyche mir deutlich zeigt, wie ich mich der Welt präsentieren sollte. Ich muss nicht ständig antike oder Secondhand-Klamotten tragen, aber ich muss meinen inneren Neigungen folgen. Und wenn ich es tue, statt mich der gängigen Mode zu unterwerfen oder mich fürs günstigste Sonderangebot zu entscheiden, tue ich etwas sehr Wichtiges für mein Selbst: Ich bringe Inneres und Äußeres miteinander in Einklang.

Wenn Sie sich entscheiden, was Sie an einem bestimmten Tag anziehen, welche Schuhe und welchen Schmuck Sie tragen, so sollten Ihre Auswahlkriterien nicht nur sein: Was passt mir? Was ist frisch gewaschen und was lässt sich kombinieren? Denken Sie stattdessen: »Wie kann ich mich heute am besten ausdrücken?« Und wenn Sie Kleidung kaufen, verlassen Sie sich nicht auf die Empfehlungen einer Freundin oder der Verkäuferin. Was denken *Sie*, Sie selber? Und wenn Ihnen als Erstes die Frage einfällt: »Macht mich das dick?«, dann lassen Sie ihr zumindest gleich diese folgen: »Sehe ich darin aus wie ich selber?«

Überlegen Sie, was Sie mit Ihren Einkäufen assoziieren. Wo wurde das Stück hergestellt? Wurden die Arbeiter menschlich behandelt und erhielten sie einen Lohn, von dem sie leben konnten? Woraus wurde es hergestellt? Sie sollten auch wissen, wie Sie etwa zum Tragen von Pelzen stehen und sich an Ihre Grundsätze halten. Davon abgesehen jedoch dürfen Sie in Stoffen, Besätzen, Farben und Schnitten schwelgen. Schließlich müssen Sie etwas anziehen; Sie können also ruhig auch Spaß dran haben.

Es ist faszinierend zu beobachten, wie sich Kleidung auf unsere Stimmung auswirkt. Uniform tragende Schüler können sich besser auf den Lernstoff konzentrieren. Wenn Sie in eine Jogginghose schlüpfen, werden Sie früher oder später auch zu einem Fitness-Studio aufbrechen. Daraus folgt: Wenn Sie sich Ihrer persönlichen Mode gemäß kleiden, hilft Ihnen das, zu sich zu finden und immer mehr Sie selbst zu werden.

Deshalb rate ich Ihnen zu einem kühnen Schritt: Nehmen Sie sich einen Samstag frei, und räumen Sie alles aus Ihrem Kleiderschrank, was Ihnen mit Ihrer momentanen Persönlichkeit nicht vereinbar erscheint. Das heißt, all die Sachen, die Ihnen schon von Anfang an nicht gefallen haben und die Ihnen auch später nicht ans Herz gewachsen sind; alles, was Ihnen nicht passt oder nicht steht; und alles, was zwar ganz nett aussieht, bei dem Sie aber das Gefühl haben, die Kleider einer anderen zu tragen. Bringen Sie alles zu einem Secondhand-Laden, oder geben Sie es in die Altkleidersammlung. Bei der ersten derartigen Entrümpelung wird sich Ihre Garderobe womöglich um die Hälfte oder gar zwei Drittel reduzieren. Die Kleidungsstücke, die Ihnen bleiben, ziehen Sie dafür jedoch wirklich gerne an.

Machen Sie sich keine Gedanken, weil Sie jetzt nicht

mehr viel zum Anziehen haben. Einige der bestgekleideten Frauen der Welt besitzen viel weniger an Garderobe, als man erwarten würde, allerdings ist jedes Stück sorgfältig ausgesucht. In meiner Jugend besuchte ich eine Modeschule und in meinem ersten festen Job verfasste ich Anzeigen für ein nobles Kaufhaus. Ich habe Kleider immer geliebt, aber ich kaufe mir nicht viele, und jeden Sommer und Winter miste ich meinen Kleiderschrank aus.

Heute besitze ich zwei Kostüme, drei Kleider, zwei Paar Schneiderhosen, zwei Röcke, eine schon etwas abgetragene und eine neue Jacke, zwei Jeans, mehrere Blusen und T-Shirts und einige Pullover. Das ist so wenig, dass ich mir für alle Teile gepolsterte Bügel leisten kann. Und dazwischen ist auch noch Platz auf der Stange, sodass ich immer den Überblick habe. Da ist es leicht, Ordnung zu halten. Und das Beste daran: Mein Schrank ist wie meine private Boutique. Wann immer ich die Tür aufmache, sehe ich nur Sachen, die mir gefallen. Wenn Sie täglich zur Arbeit gehen oder jeden Abend eine Gala besuchen, brauchen Sie natürlich mehr Garderobe als ich. Dennoch würde ich Sie gerne dazu verleiten, nur die Stücke zu behalten, denen man ansieht, dass es Ihre sind.

Sich Ihrer Persönlichkeit und Ihrer Stimmung entsprechend zu kleiden ist eine überaus effiziente Methode, immer mehr zu der Frau zu werden, die Sie eigentlich sind. Und wenn Sie stets Covergirls, Filmstars oder Ihre hübsche Schwester beneidet haben, können Sie jetzt damit aufhören und anfangen, auf gleicher Augenhöhe mit ihnen zu verkehren.

Wir reden hier bloß von Klamotten, deren Bedeutung im Rahmen der größeren Weltzusammenhänge ziemlich untergeordnet ist. Dennoch wird alles, was Ihnen hilft, sich wohler in Ihrem Körper zu fühlen, Sie auch stärker mit Ihrer Seele in Kontakt bringen.

19

Gründen Sie einen Fonds
für persönliche Ausgaben

Tun Sie sich selbst regelmäßig etwas Gutes,
und gönnen Sie sich, was Ihnen wichtig ist.

Für die Hypothek und die Stromrechnung, für Geschenke und den Kieferchirurgen geben wir unser Geld bereitwillig aus. Weshalb fällt es uns aber so schwer, uns ein Paar Ohrringe zu kaufen? Weil viele von uns aus der Tugend der Selbstlosigkeit ein Märtyrertum machen. Sollten Sie auch bei sich schon derartige Tendenzen bemerkt haben, sollten Sie schleunigst einen Fonds für persönliche Ausgaben gründen: Geld also, das dafür vorgesehen ist, für niemand anderen als Sie selbst ausgegeben zu werden. Auf diese Weise werden Sie nie mehr Ihre Gesichtscreme unter die Lebensmittel in Ihrem Einkaufswagen schmuggeln müssen.

Aus Ihrem persönlichen Fonds können Sie Massagen, den Friseur, Kosmetika, Vitamine, den Gymnastikkurs, die Lebensberatung oder einen Meditations-Workshop finanzieren – alles, was Ihrer körperlichen, psychischen oder spirituellen Entwicklung dient. Dieses Geld ist nicht für alltägliche Grundbedürfnisse bestimmt, sondern für Dinge und Erfahrungen, die Ihr Leben bereichern.

Um Ihr Budget für diese persönlichen Sonderausgaben zu veranschlagen, überlegen Sie zunächst, was Sie für Ihre minimale Körperpflege unbedingt benötigen. Dann entscheiden Sie, was Sie sich gönnen würden, wenn Geld und Bescheidenheit kein Thema wären. Irgendwo zwischen den beiden Extremen liegt das, was Sie in die persönliche Pflege von Leib und Seele investieren möchten. Orientieren Sie sich an Ihren finanziellen Möglichkeiten (Schulden bedeuten nur zusätzlichen Stress) und an der Frau, die Sie sind. Ob Ihnen der Sinn nach Rundumerneuerung und komplett neuer Garderobe oder eher nach dem Schlichten und Einfachen steht – tun Sie sich selbst regelmäßig etwas Gutes, und gönnen Sie sich, was Ihnen wichtig ist.

Ein Beispiel: Früher bekam ich schon beim kleinsten

Anlass Hautausschlag im Gesicht. Ich glaubte, bereits alle medizinischen und kosmetischen Behandlungen ohne Erfolg ausprobiert zu haben, als ich zufällig auf eine Pflegemethode stieß, bei der das Gesicht mit schwarzer Seife (Meerschlamm, wie es hieß) gewaschen wird. Ein Stück dieser Seife kostete mich an die fünfundzwanzig Dollar, und das war vor fünfundzwanzig Jahren. Doch sechs Wochen nach Beginn meiner Waschungen hatte ich einen makellosen Teint. Vielleicht lag es tatsächlich am Schlamm. Vielleicht hatte sich aber auch bloß mein Hormonhaushalt verändert. Rückblickend glaube ich, dass das Investieren von fünfundzwanzig Dollar in ein Stück Seife den Ausschlag gegeben hat. Das war kühn. Dadurch begriffen meine Zellen und meine Psyche, dass es mir ernst war. Und da wurde es auch ihnen ernst mit der Schönheit.

Ich möchte niemandem raten, sich finanziell zu übernehmen, zumal die einfachsten und billigsten Mittel oft die besten sind. Dennoch können außergewöhnliche Investitionen in Körper und Seele diesen signalisieren, dass Veränderungen im Anzug sind.

Wenn Sie erst mal Ihren Fonds eingerichtet haben und feststellen, wie wohltuend es ist, sich regelmäßig mit Sorgfalt zu pflegen, werden Sie sich wahrscheinlich bald eine kleine Erhöhung des Budgets wünschen. Diese Aufstockung ist möglich, wenn Sie das durch aufgegebene ungesunde Gewohnheiten gesparte Geld Ihrem Fonds zuführen. Wenn Sie schon das Rauchen oder den täglichen Schokoladenkonsum aufgeben, dann lassen Sie nicht zu, dass all das schöne Geld vom gierigen Alltag verschlungen wird. Legen Sie lieber einen Teil davon für Ihre persönlichen Bedürfnisse beiseite.

Eine andere Methode, Ihr Pflege-Budget aufzustocken, sind Schnäppchen, Geschenke, Vergütungen, Prämien oder Einkünfte aus Hobbys und Nebenbeschäftigungen. Nehmen Sie sich vor, einen Teil all dieser unerwarteten Einkünfte für sich selbst zu verwenden. Eine Freundin von mir entwickelte eine Formel, nach der sie jedes zusätzliche Einkommen behandelt: Nach Abzug der Steuern spendet sie zehn Prozent an wohltätige Einrichtungen, spart zwanzig Prozent und verwendet dreißig Prozent darauf, sich etwas Besonderes zu gönnen. Auf diese Weise hat sie anderen geholfen, für die Zukunft vorgesorgt und sich selber etwas Gutes getan, und es sind immer noch vierzig Prozent übrig.

Sie können auch um Geschenke bitten, die Ihnen wirklich gut täten. Wenn Leute einen fragen: »Was hättest du denn gern zum Geburtstag?«, antwortet man schnell: »Ach, du musst mir doch nichts schenken.« Ihre Freunde werden trotzdem etwas kaufen, denn sonst hätten sie nicht gefragt. Lassen Sie sie ihr Geld nicht zum Fenster hinauswerfen, und sagen Sie ihnen, was Sie sich wirklich wünschen. Vielleicht einen Geschenkgutschein für eine Buchhandlung oder eine Kosmetikerin, eine Vanillekerze oder ein Lavendelbadeöl, einen Babysitter oder ein Abendessen in Ihrem Lieblingsrestaurant. Wir wollen unsere Freunde mit unseren Geschenken erfreuen. Geben Sie umgekehrt auch anderen Gelegenheit dazu.

20.

Gehen Sie Dessous einkaufen

Eine Frau kann sich gut anziehen,
weil sie selbstsicher oder weil sie unsicher ist.
Das »Darunter« aber verrät die ganze Wahrheit.

Dessous-Shopping mag vielleicht nicht zu den klassischen spirituellen Übungen zählen. Dennoch beweist schöne Unterwäsche, dass für Sie das Beste gerade gut genug ist – ob man es nun sieht oder nicht. Eine Frau kann sich gut anziehen, weil sie selbstsicher oder weil sie unsicher ist. Das »Darunter« aber verrät die ganze Wahrheit.

In den Zeiten der legendären Ziegfeld Follies, so heißt es, erhielt jede neu aufgenommene Tänzerin eine wunderschöne Ausstattung französischer Spitzenwäsche. Es gab damals noch keine Strip-Shows; das Publikum bekam diese Unterwäsche also nie zu Gesicht. Die junge Frau selbst jedoch wusste, dass sie sie trug, und das gab den

Ausschlag – für ihren Tanz, ihr Auftreten und Selbstvertrauen.

Sortieren Sie jedes Stück Unterwäsche aus, das zerrissen, verfärbt oder ausgeleiert ist. Wenn Sie meinen, das spiele doch sowieso keine Rolle, weil es sowieso niemand sieht, degradieren Sie sich selbst oder Ihren Liebsten zu einem »Niemand«.

Legen Sie alles Übrige ordentlich zusammen. Einige von uns sind von Haus aus ordnungsliebend und gut organisiert, andere nicht. Trotzdem: Dies ist ein Bereich, in dem sogar kreative Chaotinnen wohl noch gerne etwas dazulernen. Schließlich spricht man nicht umsonst von »Intimwäsche«. Sie ist Ihr ganz persönlicher Besitz; und wenn es ein Teil Ihrer Habseligkeiten verdient, hübsch gefaltet und nach Farbe und Typ sortiert zu werden, dann ist es das, was Ihnen im wahrsten Sinne des Wortes »am nächsten liegt«.

Ergänzen Sie Ihren Bestand um ein paar hübsche neue Dessous oder Nachthemden, in denen Sie sich richtig toll fühlen. Halten Sie sich beim Einkaufen an Ihre eigenen Fantasien und nicht an die Ihres Mannes. Wenn Sie sich selbst schön finden, werden Sie auch ihm gefallen.

Bei Unterwäsche verharrt man jedoch zu gern in eingefahrenen Gleisen. Seit meinem sechzehnten Lebensjahr habe ich immer Bügel-BHs getragen, da ich mir einbildete, ich bräuchte sie. Währenddessen litt ich immer wieder unter Brustschmerzen, bis ein Arzt mir riet, nicht nur Vitamin E zu nehmen und das Kaffeetrinken zu lassen, sondern auch weniger einschnürende Korsettagen zu tragen. Ich entdeckte weiche BHs, die sich wie ein wunderbares Nichts anfühlen, und Mikrofaser-Bustiers, die noch leichter sind und dennoch Halt geben. Vorher hätte ich es nie für möglich gehalten, mit so wenig »Geschirr« auszukommen.

Vielleicht bietet die Dessous-Abteilung auch Ihnen ein paar angenehme Überraschungen. Sie werden sehen, dass Sie auch als üppige Frau rückenfreie Kleider tragen können, oder auch als kleinbusige Frau ohne Silikon ein atemberaubendes Dekolletee zeigen können. Es gibt heute Unterwäsche ohne Nähte und Haken, in der man sich geschmeidig und völlig unbeschwert fühlt. Es gibt schöne

Nachthemden und Pyjamas aus weicher Baumwolle, die die Haut atmen lässt und unserem Körper die nächtliche Entgiftung erleichtert.

Wenn Sie den Dessous-Einkauf als eine Mischung aus Entdeckungsreise und Freizeitvergnügen betrachten, werden Sie dabei (aufs Neue) erfahren, wie viel Spaß es macht, Frau zu sein. Wenn Sie kein Rüschen- und Schleifchentyp sind, mag Ihnen der Unterwäscheeinkauf womöglich eher als Notwendigkeit denn als Freizeitspaß erscheinen. Versuchen Sie trotzdem, auf Ihre Kosten zu kommen. Davon abgesehen sollten Sie sich – egal welcher Körper- oder sonstige Typ Sie auch sind – vor dem Betreten der Umkleidekabine stets daran erinnern, dass Sie schön sind, und zwar genau so, wie Sie sind.

Reservieren Sie einen Teil Ihres Fonds für persönliche Ausgaben für die regelmäßige Aufforstung Ihres Unterwäschebestands, und schreiben Sie sich alle paar Monate in Ihren Kalender: »Dessous kaufen gehen!« Das kann zur Metapher für wichtigere Dinge werden, denn wenn Sie darauf achten, was Sie »darunter« tragen, werden Sie sich auch sonst stärker um Dinge kümmern, die unter der Oberfläche vor sich gehen.

21

Entwickeln Sie Ihren Stil

Sie müssen nicht reich, groß, dünn, fotogen
oder Absolventin einer Modeschule sein,
um Stil zu haben. Stil besitzen Sie schon jetzt,
und Sie können ihn kultivieren.

Stil hat nichts mit Spiritualität zu tun, aber viel mit Geist –
Geist im eher weltlichen Sinne von Lebenslust. Der fran-
zösische Schriftsteller Marcel Proust sang das Lob des
Stils, als er schrieb: »Menschliche Worte stehen mit der
Seele in Verbindung, können sie aber nicht ausdrücken –
dies ist dem Stil vorbehalten.« Darüber hinaus hält der
Stil auch unsere Angst vor den Spuren der Zeit in Schach:
Eine Frau mit Stil sieht in jedem Alter gut aus.

Leider betrachten wir Stil heutzutage wie die Mitglied-
schaft in einem exklusiven Club: Entweder ist man drin-
nen oder draußen. Menschen mit Stil wirken nur deswe-

gen so einschüchternd, weil wir meinen, sie besäßen ein Talent, das uns abgeht. Was nicht stimmt: Sie haben bloß die uns allen gemeinsame Neigung, uns in unserer Erscheinung und Umgebung auszudrücken, kultiviert und höfliche Umgangsformen ausgebildet, die auch heute noch erstrebenswert sind.

Bei meinem Vortrag vor Illustratoren, Textern und Werbeleuten in einer Firmenzentrale fand ich großen Spaß daran, mein Publikum zu betrachten. Manche waren sehr trendy gekleidet, andere eher avantgardistisch, wieder andere klassisch elegant, doch alle schienen ihren Arbeitsplatz als Chance zu begreifen, sich sowohl schöpferisch zu betätigen als auch die eigene Person kreativ zum Ausdruck zu bringen. Wie eine der jungen Frauen meinte: »Wenn Sie viel Zeit in einer solchen Atmosphäre verbringen, wird alles im Leben zu Kunst.«

Jede von uns kann ihr Leben in Kunst verwandeln. Hier ein paar Vorschläge für Einsteigerinnen in Sachen Stil:

Begraben Sie den Mythos, dass Stil nur einer erwählten Elite zusteht. Sie müssen nicht reich, groß, fotogen oder Absolventin einer Modeschule sein, um Stil zu haben. Stil besitzen Sie schon jetzt, und Sie können ihn kultivieren.

Beobachten Sie Stil. Stil gibt es in allen Altersklassen, Größen und Einkommensschichten. Achten Sie auf guten Stil, wenn Sie Leute beobachten, Zeitschriften durchblättern, Museen oder Freunde besuchen. Es geht nicht darum, den Stil eines anderen zu kopieren, sondern sich mit dem Konzept vertraut zu machen und etwas Eigenes zu entwickeln.

Bauen Sie auf Bereichen auf, in denen Ihr Stil bereits unverkennbar ist. Da ich seit meinem zehnten Lebensjahr Modezeitschriften lese, bin ich ziemlich gut im Kombinieren von Kleidungsstücken. In Sachen Wohnungseinrichtung dagegen war ich lange Zeit völlig unbedarft. Meine Freundin Francesca, die ihr Taschengeld damals, als ich Harper's Bazaar und Vogue verschlang, für Schöner Wohnen angelegt hat, brachte mir bei, wie sich mein Wissen über Farben und Stoffe auch bei der Raumgestaltung anwenden ließ.

Wo beweisen Sie Stil? Denken Sie an Ihre Kleider, Ihren Schmuck, Ihr Haus, die Art, wie Sie Ihre Kinder kleiden, Geschenke auswählen, einen Tisch decken oder eine Platte garnieren. Wenden Sie das hier gezeigte Talent auch in anderen Bereichen an.

Wählen Sie eine Grundfarbe. Bei Kleidung sind Schwarz, Braun und Dunkelblau die verlässlichsten Grundfarben. Wenn Sie sich bei Schuhen, Taschen und Mänteln an eine dieser Farben halten, werden Sie automatisch mehr Stil entwickeln. Es ist bloß eine Frage der Zeit. Die Grundfarbe ist so wichtig, weil die meisten Leute einfach nicht genug Zeit haben, ständig die Schuhe zu wechseln, den Tascheninhalt umzuräumen und entsprechende Hüte, Handschuhe und Regenschirme sowie alles andere, was zusammenpassen muss, im Auge zu behalten. Sobald Sie sich für eine Basisfarbe entschieden haben, können Sie in Kleidungsstücken und Accessoires bunt wie die Farbpalette schwelgen, denn Ihre Grundfarbe wird die Farben in Schach halten, sodass sie sich nicht beißen. Und Sie werden immer gut aussehen.

Lernen Sie, einen Schal zu binden. Ein schön platzierter Schal ist ein Aushängeschild für guten Stil; einen solchen zu bin-

den und mit Schwung zu tragen ist erstaunlich leicht zu
erlernen. Kostengünstige Broschüren zu diesem Thema
erhält man in den Accessoire-Abteilungen von Kaufhäusern. Es gibt Dutzende von Möglichkeiten, einen Schal zu
binden, aber schon zwei oder drei befördern Sie in die
Ränge der Eleganten und Schönen.

Legen Sie sich ein paar wirklich gute Stücke zu. Ob es sich um ein
makellos geschneidertes Jackett, eine schön gearbeitete
Handtasche, die Kamee Ihrer Urgroßmutter oder einen
teuren Kugelschreiber handelt, ein, zwei oder drei hoch-
wertige Dinge zu tragen oder bei sich zu haben, spricht
für Kultiviertheit und Stil. Nicht *alles* muss außergewöhnlich sein, solange nur *etwas* ungewöhnlich ist. Wenn Sie
nicht allzu viel Geld ausgeben wollen, tut es auch eine gute Kopie; oder schauen Sie bei Haushaltsauflösungen
oder im Fabrikverkauf nach günstigen Originalen.

Sie müssen wissen, was Sie wollen. Achten Sie darauf, was Sie
in Zeitschriften, Schaufenstern, Museen anspricht. Vielleicht haben Sie sogar Lust, sich Bilder von Kleidungsstücken oder allen möglichen anderen Dingen auszuschnei-

den. Bewahren Sie diese Ausschnitte in einem Aktenordner oder einem großen Briefumschlag auf, und betrachten Sie sie hin und wieder. Wenn Sie genug gesammelt haben, werden Sie Gemeinsamkeiten erkennen. Und in diesen zeigt sich Ihr persönlicher Geschmack, Ihr Stil.

Machen Sie aus der Not eine Tugend. Ich trage oft klobige flache Schuhe – geschlossene wie ausgeschnittene – mit breiten Fesselriemen oder Schnallen. Jeder, der mich kennt, würde wohl sagen, das sei mein Stil. Und wenn sich auch manches zugunsten soliden Schuhwerks vorbringen lässt – in meinem Falle hat eine einige Jahre zurückliegende verpfuschte Operation dazu geführt, dass ich keine hohen Absätze, dünnen Sohlen oder spitzen Schuhe mehr tragen kann. Folglich habe ich die Schuhe, die ich tragen darf, zu meinem »Look« gemacht. Aus vielen solcher kleinen Behinderungen lässt sich eine Tugend machen. Ich habe erlebt, dass Menschen praktisch alles – von der Augenklappe bis zum Krückstock – zu einem Statement ihres persönlichen Stils sowie von Mut und Selbstbewusstsein ummünzt haben. Akzeptieren Sie sich mit all Ihren vorübergehenden oder dauerhaften Einschränkungen.

Verwenden Sie Ihre Kreativität auf das, was Sie zur Verfügung haben.

Experimentieren Sie. Zum Verkleiden ist man nie zu alt. Wenn Sie irgendwo etwas sehen, was Ihnen gefällt, dann probieren Sie es an. Vielleicht ist es zu teuer, zu förmlich oder zu gewagt für Sie und Ihre Lebensumstände, aber gönnen Sie sich diese drei Minuten, in denen Sie sich reicher, eleganter und ungehemmter fühlen können. Durch das Ausprobieren merken Sie außerdem, wo Ihre Grenzen liegen. Und Ihre Grenzen definieren letztlich Ihren Stil.

Im Großen und Ganzen lässt sich die Entwicklung Ihres persönlichen Stils mit Tennisstunden vergleichen: Sobald man eine Sache gemeistert hat, wendet man sich anderen Dingen zu. Das wirkliche Geheimnis aber besteht darin, selber zum Trendsetter zu werden. Gelingen kann einem das nur, wenn man alle seine Begabungen, Talente und auch seinen Charakter weiterentwickelt. Allem Anschein zum Trotze sehnen sich die Menschen nach dem Echten und Zeitlosen. Geben Sie es ihnen, und sie werden Ihnen dankbar bestätigen, dass Ihre Art, die Dinge zu tun, die wahrhaft erstrebenswerte ist.

In der flüchtigen Welt der Unterhaltungsindustrie erlebt man es ständig: Da taucht eine junge Frau auf, sieht nicht mehr als durchschnittlich aus, legt aber einen mitreißenden Auftritt hin und einen Monat später lächelt sie von irgendeinem Titelbild. Auf ihr Talent ist die Welt erpicht; dass es nur ums Gesicht geht, bildet sie sich nur ein. Tun Sie also, was Sie gut beherrschen, und versuchen Sie, noch besser zu werden. Auf diese Weise werden Sie bald Ihre eigenen Trends kreieren.

22.

Spielen Sie mit Tönen, Steinen und Blüten

*Das spielerische Experimentieren mit diesen Dingen
kann viel Vergnügen bereiten.*

Um hübscher, gesünder und ausgeglichener zu werden, kann man auf viele erprobte Rezepte zurückgreifen: etwa Sport treiben und seine Kondition verbessern, schlafen und sich ausruhen, meditieren und Frieden erfahren. Einige andere Möglichkeiten sind weniger weit verbreitet. Sie zu entdecken und spielerisch damit zu experimentieren, kann große Freude machen. Die drei, die ich hier vorstellen möchte, sind Töne, Steine und Blüten (genauer gesagt Blütenessenzen). Die Wirksamkeit eines oder mehrerer dieser Dinge wird Sie überraschen.

TÖNE

Ich bin mit Filmmusicals und Broadwaystücken aufge-
wachsen. Als kleines Mädchen hielt ich es für normal, dass
Leute mitten auf der Straße zu singen begannen. Es stün-
de besser um unsere Welt, wenn dem wirklich so wäre und
die Menschen gewohnheitsmäßig im Regen wie unter anderen klimatischen Bedingungen trällern und schmettern
würden.

Singen in einer Gruppe schafft Gemeinschaft. Die richtig gewählte Musik kann das Wachstum von Zimmerpflanzen fördern, Kinder in den Schlaf lullen und Erwachsene in romantische, erregte, patriotische oder ehr-
furchtsvolle Stimmung versetzen. Außerdem können –
dem Ayurveda zufolge – bestimmte Musikstücke unsere
Körperenergien ausgleichen und Gesundheit und Schönheit fördern. Die Ragas des alten Indien, die heutzutage
unter der Bezeichnung »Weltmusik« überall auf CD erhältlich sind, wurden speziell zu dem Zweck entwickelt,
Körper und Geist zu mehr Gelassenheit und Vitalität zu
verhelfen.

Das Anstimmen heiliger Töne, der so genannten Mantras, wirkt ausgleichend und verjüngend. Das bekannteste Mantra ist das Sanskrit-Wort *om*, welches als Urlaut betrachtet wird, als jenes Wort, mit dem die Schöpfung begann. Das Chanten des Wortes *om* kann gleichzeitig beruhigen und stärken und man glaubt, dass es *ojas*, die »gesunde Strahlung« des Körpers, steigert. Als weiterer Laut, der zur Schönheit von Gesicht und Körper beiträgt, gilt *shreem* (schriem), das die weibliche Energie stärken und Anmut und Grazie fördern soll. Sie können diese Laute als Einleitung oder Abschluss Ihrer Meditation intonieren, während Sie Ihre Hausarbeit erledigen oder während Sie in die Pedale Ihres Heimtrainers treten.

Auch die klassischen Arten des Singens haben ähnlich positive Wirkungen. Vielleicht denken Sie daran, sich einem Chor anzuschließen, der Ihre musikalischen (und vielleicht auch spirituellen) Bedürfnisse erfüllt. Egal, ob Sie Kantaten, Musicals oder Volkslieder einüben – jede Musik, die Ihnen Freude schenkt oder Ihnen durch ihre Schönheit den Atem raubt, wird Sie zum Strahlen bringen. Zuhören ist gut. Mitsingen ist besser.

STEINE

Schmuckliebhaberinnen wissen um den Zauber von allem, was funkelt und glänzt. Ich habe den Reiz von Juwelen und Edelsteinen nie ganz begriffen – vielleicht weil meine Mutter so besessen davon war und ich mir einbildete, sie besitze genug für uns beide. Einmal jedoch habe ich am Ufer eines Sees einen roten Stein gefunden, einen runden, glatten, gefleckten Stein, den ich mit nach Hause nahm. Ich bin seither achtmal umgezogen, der Stein aber liegt immer noch auf meinem Schreibtisch. Aus irgendeinem Grunde will ich ihn nicht mehr entbehren. Es macht mir Freude, ihn zu betrachten, ihn zu halten, zu wissen, dass er da ist.

Vielleicht weil dieser Stein auf meinem Schreibtisch mir so viel bedeutet, überraschte es mich nicht, zu erfahren, dass Ayurveda seit mehr als viertausend Jahren Steine bei der Heilung von Krankheiten einsetzt. Man glaubt, dass sie auf die *Prana* genannte Lebensenergie im Körper einwirken und Vitalität und Langlebigkeit verleihen sowie die Abwehrkräfte stärken. Traditionsgemäß wird der Diamant vor allem als Förderer innerer Schönheit geschätzt, doch auch andere, ganz gewöhnliche Steine, die man für wenig Geld kaufen kann, haben meist ebenso positive Wirkungen. Hier einige Steine und die ihnen zugeschriebenen Wirkungen:

- ↦ *Aventurin* – Mut, Selbstständigkeit, Bruch mit Konventionen
- ↦ *Karneol* – Zuversicht und Selbstachtung
- ↦ *Lapislazuli* – spirituelle Vertiefung
- ↦ *Mondstein* – Minderung von Stress und PMS-Symptomen
- ↦ *Perle* – Balance von Energie und Ruhe; Reinigung der Haut
- ↦ *Rosenquarz* – »rosiger Schimmer« der Haut, Förderung der Selbstliebe, Anziehung von Liebe und Freundschaft
- ↦ *Saphir* – emotionale Stabilität, Aufrechterhalten eines gesunden Körpergewichts

Es ist ratsam, einen neu erworbenen Stein zunächst zu reinigen, indem man ihn achtundvierzig Stunden lang in Meersalz bettet. Dadurch sollen die Schwingungen des

Vorbesitzers neutralisiert werden. Für uns, die wir mit naturwissenschaftlichen Begriffen groß geworden sind, mag das weit hergeholt klingen – doch die Wahrheit kann sich in vielen Gestalten offenbaren. Abgesehen davon sollte man das Ganze ruhig ein wenig spielerisch betrachten.

BLÜTENESSENZEN

Dr. Edward Bach, ein englischer Arzt des frühen zwanzigsten Jahrhunderts, erwarb seinen Ruf durch das Destillieren von Blütenextrakten, die seinen Forschungen zufolge eine positive Wirkung auf Geist und Gefühle haben. Er entwickelte die so genannte Bach-Blütentherapie, um die Ursachen unserer Unzufriedenheit – etwa Stolz, Unbewusstheit, Egoismus und Gier – zu bekämpfen. Die Essenzen sollen die Person, welche sie einnimmt, mit der entgegengesetzten positiven Eigenschaft »aufladen« und so die Gesundheit wiederherstellen, welche Bach als die »völlige Einheit von Körper, Geist und Seele« definierte.

Es gibt 38 Bach-Blütenessenzen, welche jeweils einen speziellen mentalen oder emotionalen Zustand anregen, sowie eine Mischung namens *Rescue* gegen akute Angstzustände. *Beech* (Buche) wird gegen Intoleranz verordnet, *Holly* (Stechpalme) zur Milderung von Neid und Eifersucht, *Larch* (Lärche) zur Mehrung des Selbstvertrauens, *Olive* gegen Erschöpfung oder Energiemangel, *Mimulus* (Gauklerblume) gegen alle möglichen Ängste (ich kenne mehrere Menschen, die ihre Flugangst damit überwunden haben). Nach meiner Erfahrung lindern Bach-Blütenessenzen alle möglichen Stresserscheinungen, und in Situationen, in denen man sich frustriert fühlt, weil man eigentlich nichts tun kann, kann man sich immer noch zwei Tropfen in ein Glas Wasser geben und es trinken. Die Essenzen machen einen gleich gefasster, zentrierter und folglich auch effizienter.

Bach-Blüten sind in Apotheken und auch vielen Esoterik-Buchläden erhältlich. Verwandte Essenzen (Generika) müssen nicht schlechter sein, ich selbst aber bevorzuge die Original-Bach-Blüten. Wie bei so vielem im Leben spricht hier so manches für das Echte und Ursprüngliche.

TEIL V

~

Lebensqualität

23.

Geben Sie auf sich acht

Bewahren Sie Ihre Gefühle vor negativen Einflüssen,
schützen Sie Ihre Gesundheit und sorgen Sie für Ihre Sicherheit.

Wir hüten unsere Besitztümer wie unseren Augapfel. Sie sind durch Spezialschlösser, Depots und Versicherungspolicen vor fremdem Zugriff geschützt. Nicht weniger Vorsicht sollten wir auch bei unserem emotionalen Wohl, unserer physischen Gesundheit und unserer allgemeinen Sicherheit verwenden.

BEWAHREN SIE IHRE GEFÜHLE VOR NEGATIVEN EINFLÜSSEN

Informiertsein ist eines; sich von all dem Elend und dem Leid der Welt überschwemmen zu lassen, etwas anderes.

Ich bin eine treue Anhängerin des altmodischen Mediums Zeitung. Eine Qualitätszeitung wie die *FAZ* oder die *Süddeutsche* liefert detaillierte Informationen ohne Soundeffekte und Blutbäder in grellen Farben.

Auch bei der Auswahl unserer Unterhaltung sollten wir unser kritisches Urteilsvermögen walten lassen. Manche Menschen können sich Gewalt verherrlichende, grausige oder deprimierende Filme anschauen und tragen anscheinend keinerlei Schaden davon. Andere Menschen gehen in denselben Film und finden eine Woche lang nicht mehr in die Normalität zurück. Ich gehöre zu den Letzteren, und ich habe eine Hypothese dazu aufgestellt, die ich als »Theorie der durchlässigen Aura« bezeichne.

Einigen spirituellen Lehren zufolge besitzen Menschen – wie alle Lebewesen – ein Energiefeld rund um ihren Körper. Dieses Feld wird »Aura« genannt und ist das, was die Maler des Mittelalters und der Renaissance darstellen wollten, wenn sie ihren Figuren Heiligenscheine gaben.

Meiner Theorie zufolge ist die Aura mancher Menschen fast undurchdringlich, die anderer dagegen sehr durchlässig für Einflüsse aus der Umwelt. Menschen mit durchlässiger Aura sehen sich einen Film nicht nur an; sie absorbieren ihn förmlich. Falls Sie dieses Gefühl kennen – seien Sie vorsichtig bei der Auswahl von Filmen, Fernsehsendungen und Büchern. Meiden Sie alle, die Ihnen die Stimmung verderben; es lohnt nicht. Und wenn Sie zufällig doch einmal in einen deprimierenden Film hineingeraten, stehen Sie einfach auf, und verlassen Sie das Kino, oder schalten Sie auf ein anderes Fernsehprogramm um.

SCHÜTZEN SIE IHRE GESUNDHEIT

Hören Sie mit dem Rauchen auf, oder fangen Sie gar nicht erst damit an. Und meiden Sie auch den Rauch anderer. Egal an welchem Ende der Zigarette man sich befindet, es ist und bleibt eine widerwärtige Sache. Schätzungen zufolge werden bei den gegenwärtigen Raucherzahlen in diesem Jahrhundert eine Milliarde Menschen ihrer Nikotinsucht zum Opfer fallen. Ein Verbrechen gegen das Leben. Abgesehen davon schädigt das Rauchen die Durchblutung, und ohne die können Sie Ihren »rosig schimmernden« Teint vergessen.

Suchen Sie sich vertrauenswürdige Ärzte. Das ist bei eingeschränkter Auswahl zwar nicht leicht, doch seien Sie innerhalb des durch Ihre Versicherung und Ihre Wohnregion gegebenen Rahmens so wählerisch wie nur möglich. Sie wollen schließlich einen Arzt (oder eine Ärztin), der Ihre Ängste und Ansichten ernst nimmt, der Ihre Intelligenz ebenso respektiert wie Sie die seine und dessen Können über das Verschreiben eines Medikaments für jedes Wehwehchen hinausgeht. Falls Sie bei einem naturheilkundlich oder chiropraktisch orientierten Mediziner Hilfe suchen, haben Sie sicher keine schlechte Wahl getroffen; auch dies sind »richtige Ärzte« mit ebenso viel Erfahrung auf ihrem Gebiet, wie sie Ihr herkömmlicher Arzt auf dem seinen hat.

Genießen Sie Sonnenbäder in Maßen. Alles Leben auf der Erde hängt von der Sonne ab – von unserer guten Laune ganz zu schweigen. Dennoch handelt es sich bei Hautproblemen meist um »Sonnenschäden«; Sie sollten sich also unbedingt schützen. Als Blondine oder Rothaarige dürfen Sie den herrlichen Teint schwarzer, brauner und olivhäutiger Menschen ruhig bewundern. Nennen Sie den Ihren einfach »elfenbeinfarben«, und belassen Sie es dabei. Benutzen Sie Cremes mit Lichtschutzfaktor, egal ob es regnet oder die Sonne scheint, und zwar einen Faktor, der sowohl vor UVA- als auch vor UVB-Strahlen schützt. Mineralische Sonnenblocker (an den Inhaltsstoffen Titandioxid, Titanoxid und Zinkoxid auf dem Etikett erkennbar) sind in der Regel milder als chemische Sonnenschutzfaktoren und haben den Vorteil, dass sie sofort wirken – nicht erst nach zwanzig Minuten. Auch Handschuhe und breitkrempige Hüte sind hilfreich. Die Damen des 19. Jahrhunderts, die sie sich leisten konnten, verließen nie ohne das Haus – und das war lange vor dem Ozonloch. (Vor zwei Jahren entdeckte ich »Altersflecken« auf meinen Händen. Inzwischen trage ich beim Autofahren Handschuhe, und die Flecken sind praktisch verschwunden. Entweder werde ich jünger, oder es liegt an den Handschuhen.) Tragen Sie auch Sonnenbrillen, oder schützen Sie Ihre Augen und die sie umgebende empfindliche Hautpartie anderweitig.

Stärken Sie Ihre Knochen. Osteoporose, die Krankheit der brüchigen Knochen, die ältere Frauen gebeugt erscheinen lässt und Hüftfrakturen beschleunigt, lässt sich verhindern. Sie wissen, dass Sie jeden Tag reichlich Kalzium benötigen – aber halten Sie sich auch daran? Molkereiprodukte sind nicht die einzige Quelle. Grüne Blattgemüse wie Wirsing und Grünkohl, Brokkoli, Mandeln, Sesamsamen und Meeresgemüse (wie Nori, in das die Sushi eingewickelt sind) sind alle reich an Kalzium. Ein zu hoher Eiweißverzehr dagegen, vor allem wenn das Protein aus tierischen Quellen stammt, schwächt die Knochen. Alle Sportarten, bei denen man das eigene oder zusätzliches Gewicht tragen muss (wie Gehen, Laufen, Tanzen, Gewichtheben) halten das Skelett fit.

SORGEN SIE FÜR IHRE SICHERHEIT

Sind die Schlösser an Ihren Türen in Ordnung? Wann haben Sie die Batterien für Ihre Rauchmelder zuletzt überprüft? Haben Sie einen Fluchtplan im Falle eines Hausbrands, und bringen Sie Ihren Wagen regelmäßig zur Inspektion? Zusätzlich zu diesen materiellen Schutzvorkehrungen sollten Sie auch eine protektive Haltung entwickeln. Visualisieren Sie sich umgeben von einem weißen Licht, das den spirituellen Schutz verkörpert, zu dem wir alle Zugang haben.

Auf der rationalen Ebene besteht die wirksamste mir bekannte Methode, sich eine schützende Haltung zuzulegen – und gleichzeitig ein paar wirkungsvolle Handgriffe zu erlernen – in einem Selbstverteidigungskurs für Frauen. Hier lernen und üben Sie effiziente Techniken zur Überwältigung eines Angreifers. Durch ein erfahrungsorientiertes Vorgehen werden diese Techniken in das »Muskelgedächtnis« einprogrammiert. Viele Frauen, die ihre Selbstverteidigungsfähigkeiten erst Jahre nach Besuch eines derartigen Kurses aktivieren mussten, taten es mit Erfolg.

Ich war zunächst davor zurückgeschreckt, da ich ja – so sagte ich mir – ein friedlicher Mensch bin, der sich seiner spirituellen Vervollkommnung widmete. Zu lernen, wie man jemanden k. o. schlägt, schien mir irgendwie im Widerspruch dazu zu stehen. Dennoch schrieb ich mich schließlich ein und erlernte drei unschätzbare Fähigkeiten:

1. Wie man *gewitzter* wird und *weniger ängstlich*. Früher fürchtete ich mich vor jedem Mann auf der Straße, der nicht Anzug und Krawatte trug. (Ziemlich schlechte Kriterien, Serienmörder ziehen sich häufig gut an.) Spirituell und friedfertig war das mit Sicherheit nicht, denn ich bombardierte völlig unschuldige Menschen mit meinen »misstrauischen« Wellen. Als ich dann aber das Gefühl hatte, ich könne mich, falls es sein müsse, ganz gut verteidigen, konnte ich jeder Zufallsbekanntschaft mit Offenheit statt mit Argwohn begegnen.

2. *Wie man kämpft.* Als junger Mann war mein Vater Meisterringer gewesen, ich dagegen hatte nicht einmal an einer Schulhof-Rauferei teilgenommen. Frauen haben starke Beine, mit der sie die geringere Kraft im Oberkörper durchaus kompensieren können. Wer entsprechende Techniken beherrscht – wobei das Wissen, *wann* man kämpft und wann man abwartet, ganz wichtig ist – kann seine Chancen, einen Angriff zu überleben, beträchtlich erhöhen.

3. *Wie man Selbstvertrauen ausstrahlt und seinen Gegner mit Worten aus der Fassung bringt.* Ich sehe nicht mehr wie ein

Opfer aus und einmal ist es mir sogar gelungen, auf der Straße einem prügelnden Mann Einhalt zu gebieten, indem ich ihn lediglich anbrüllte: »Hör auf!« Der Mann, viel größer als ich, war so erschrocken, dass er aufhörte, auf die Frau (seine Freundin, wie sich herausstellte) einzuschlagen und überdies die Sprache verlor: Sein Mund bewegte sich zwar, aber er bekam keinen Ton heraus.

Stärken Sie also Ihren Selbsterhaltungstrieb, und schützen Sie sich. Und ermutigen Sie auch Ihre Freundinnen und deren Töchter dazu, dasselbe zu tun.

24.

Tauchen Sie ein in Schönheit

Schönheit färbt ab. Man bleibt nicht vor einem Rembrandt stehen und ist hinterher noch dieselbe.

Wir werden zu dem, was wir betrachten, was wir uns anhören, womit wir uns beschäftigen. Eine unscheinbare Frau ist in einer eleganten Umgebung elegant, da sich etwas von der Atmosphäre auf sie überträgt. In der keltischen Mythologie meinte das Wort »Glamour« ursprünglich die Aneignung äußeren Reizes und Zaubers – bedeutete sozusagen, dass man bei der unendlichen Schönheit der Natur und bei der menschlichen Kreativität Anleihen nahm.

Auch heute ist es unser weibliches Vorrecht, in Schönheit einzutauchen und diese auf unseren Körper und unsere Seele abfärben zu lassen. Jede von uns kann ihre Lieblingskleidung tragen statt irgendwas, was wir nur annehmbar finden. Und wenn wir diese Sachen häufiger tragen, fühlen wir uns auch öfter richtig gut. Eintauchen können wir auch in die Schönheit von Natur und Kunst. Indem wir herrliche Musik hören, köstliche Düfte einatmen und wohlschmeckende Speisen verzehren, werden wir – quasi durch Osmose – immer schöner.

Vor langer Zeit lebte ich eine Weile in London und unterrichtete Mädchen aus einkommensschwachen Familien aus dem East End in »Haltung und Schönheitspflege«. Zu meinem großen Erstaunen waren die meisten der Mädchen noch nie über die Grenzen ihres Viertels hinausgekommen. All die Museen, Theater, ja das ganze Leben, das London für einen Touristen ausmacht, hätte sich – was sie anbetraf – genauso gut auf der anderen Hälfte der Erdkugel befinden können. Es wurde mir klar, wie lächerlich es wäre, diesen Mädchen »Haltung und Schönheitspflege« beizubringen, wenn sie nicht einmal wussten, wozu sie eigentlich Haltung besitzen sollten.

Also warf ich den Lehrplan um. Einen Monat lang machten wir Ausflüge – und zwar fünf Tage die Woche. Wir betrachteten Gemälde in der National Gallery, die Kostümsammlung im Victoria & Albert Museum. Wir sahen uns die Wachablösung am Buckingham-Palast an und den »Old Guard Shop« bei Harrod's. Wir schnupperten an den Blumen in den Kew Gardens und hörten die Vesper in St. Martin's in the Fields. Sogar einen »Schönheitstag« bei Elizabeth Arden organisierte ich, bei dem jedes Mädchen eine Behandlung bekam. Nicht dass diese Dreizehnjährigen Gesichtsmasken und Pediküren nötig gehabt hätten, aber ich war überzeugt, dass es ihnen gut tat, einmal in schöner Umgebung wie eine Königin behandelt zu werden.

Abgesehen von diesem Tag im Schönheitssalon kamen Haltung und Schönheitspflege anschließend nicht mehr zur Sprache. Dennoch hatte sich in diesen vier Wochen eine so sichtbare Verwandlung an diesen Mädchen vollzogen, dass ich mich fühlte wie Henry Higgins, alias Pygmalion. Konkret hatte sich im Leben meiner Schülerinnen nichts verändert, doch sie hatten Erfahrungen gemacht, die sie etwas von der Schönheit und Weite der Welt erahnen ließen. Und die Offenbarung, die sie erlebten, wurde auch eine für mich, denn ich erkannte: Schönheit färbt ab. Man bleibt nicht vor einem Rembrandt stehen und ist hinterher noch dieselbe.

Wer sich mit Schönheit umgibt, der verändert auch sein Energiemuster. Die moderne Physik geht davon aus, dass alles Energie und als solche veränderbar ist. Aus diesem Grund können auch wir viele der unserem Leben zugrunde liegenden Strukturen verändern, und zwar mit erstaunlicher Leichtigkeit und Geschwindigkeit. Um Veränderung zu erreichen, müssen wir in Bilder, Töne, Gerüche, Geschmacksnuancen, Texturen und Erfahrungen eintauchen, die uns aufbauen. So kreieren wir eine persönliche Welt, mit der wir uns alltägliche Infusionen von Schönheit und Genuss verabreichen können.

Hier einige Vorschläge für Einsteigerinnen:

Verabreden Sie sich mit einer Freundin in einem Kunstmuseum oder dem Botanischen Garten. Sie können sich wie in einem Café über alles Mögliche unterhalten und kommen außerdem in den Genuss der ästhetischen Schönheit, die die gemeinsam verbrachte Zeit zu einem unvergesslichen Erlebnis macht.

Kaufen Sie ab heute jede Woche frische Blumen für Ihre Wohnung oder fürs Büro. Ganz egal, was sonst so alles passiert, sorgen sie damit zumindest für *einen* hübschen Anblick in Ihrer Umgebung. Es muss ja nicht immer ein ganzer Blumenstrauß sein, eine einzelne Blume genügt.

Stellen Sie eine Liste von Dingen und Orten zusammen, die Sie schön finden und die Ihnen gut tun. Gönnen Sie sich gleich heute etwas von dieser Liste. Vielleicht reservieren Sie sich eine Konzertkarte oder legen am Abend eine schöne CD auf. Sie können auch zu Ihrem Lieblingsort wandern oder fahren. Versuchen Sie jeden Tag, etwas Schönes zu erleben. Und während Ihr Schönheitsbewusstsein wächst, dürfen Sie Ihrer Liste weitere Einträge hinzufügen.

Folgen Sie dem Rat Johann Wolfgang von Goethes, man solle jeden Tag wenigstens ein Lied hören, ein gutes Gedicht lesen, ein erstklassiges Gemälde betrachten und nach Möglichkeit ein paar vernünftige Worte sprechen.

Wenn Sie sich täglich vornehmen, in Schönheit einzutauchen, wird Ihre Welt weiter werden. Und Sie werden in der Lage sein, Schönheit in all ihren Formen, auch in den einfachsten, noch mehr zu schätzen.

25.

Tun Sie etwas Aufregendes

Unser Mut, öfters mal aufregende Unternehmungen zu planen,
wird vom Leben mit spürbar mehr Spaß belohnt.

»Über«-glücklich zu sein, ist zwar eigentlich nicht möglich, aber versuchen Sie es trotzdem. Denn überströmende Freude ist Doping für Körper und Geist, macht uns schöner und bereichert unser Leben. Wenn wir völlig »hin und weg« sind, produziert unser Körper Stoffe, die uns in ein allgemeines Hochgefühl versetzen. Außerdem prägt diese Begeisterung auch unserer Seele ihren Stempel auf.

Dies ist leichter nachzuvollziehen, wenn man an das Gegenteil denkt. Wenn eine Kollegin erschöpft, verhärmt oder einfach nur schlecht aussieht, sagen wir, die Zeit habe es nicht gut mit ihr gemeint, das Leben habe seinen Tribut gefordert oder: »Was erwartest du denn? Sie hat's schließlich nicht leicht gehabt.« Niemand würde bestreiten, dass traumatische Erlebnisse, Kummer und Sorgen unsere Erscheinung und unser Auftreten beeinträchtigen können. Glück und Überschwang haben die gegenteilige, positive Wirkung.

Zuweilen widerfahren uns – ohne erkennbaren Grund – ganz wunderbare Dinge. (Siehe 42. Kapitel, »Machen Sie sich auf lichte Zeiten gefasst«.) Etwas Aufregendes zu unternehmen aber heißt etwas anderes: Man ergreift selber die Initiative. Und als Erstes gilt es sich dabei in Lebensbejahung zu üben. Was nicht dasselbe ist wie Ja-Sagen zu Überstunden oder Gefälligkeiten, die andere uns aufbrummen. Es heißt nicht, dass Sie Ihren Terminkalender voll stopfen, sich überfordern oder Ihre eigenen Wünsche zugunsten anderer zurückstellen. Vielmehr bedeutet es ein Ja zu faszinierenden neuen Möglichkeiten und Erfahrungen, die vielleicht heute noch außerhalb Ihrer Vorstellung liegen.

Als meine Freundin Nancy mich eines Sommernachmittags besuchte, fragte ich sie, ob sie ein Glas Limonade wolle. »Nein, danke«, erwiderte sie – ganz das Produkt ihrer weiblichen Erziehung. (»Ich möchte nichts, ich brauche nichts, ich bin eigentlich gar nicht da.«) Doch dann redete sie weiter: »Nein, ich hab's mir anders überlegt; ich hätte doch gern eine Limonade, bitte.« Als ich uns eingoss, erklärte sie es mir: »Ich probiere gerade was Neues. Einen Monat lang sage ich zu allem Schönen, das man mir anbietet, ja. Gestern habe ich sogar einen Cappuccino mit Schlagsahne getrunken.«

Nach diesem Monat berichtete sie mir, dass sie sich freier fühle, offener gegenüber Neuem und lebensklüger. (Abgesehen davon hatte sie trotz Schlagsahne nicht zugenommen.)

Vielleicht haben Sie ja Lust, Nancys Experiment einmal auszuprobieren. Akzeptieren Sie dreißig Tage lang jedes gut und interessant klingende Angebot, sofern es nicht direkt gefährlich ist beziehungsweise gegen das Gesetz oder Ihre moralischen Grundsätze verstößt. Lassen Sie sich vom anfänglichen Unbehagen angesichts von Ungewohntem nicht abbringen. Registrieren Sie Ihre eigenen abwehrenden Phrasen – ob Sie sie äußern oder nicht, beispielsweise: »Aber ich mag die Städte/das Land/die Vororte nicht.«, »Ich bin noch nie ein Fan von Country Music/klassischer Musik/Jazz gewesen.« oder: »Das ist mir zu wild/zu fett/zu j. w. d.«

Probieren Sie es stattdessen mal mit einem schlichten »Ja«, und versuchen Sie sich aller Urteile zu enthalten, bis Sie die Erfahrung wirklich gemacht haben. »Hast du Lust, dir diesen tollen iranischen Film in der Innenstadt anzugucken?« Na klar doch. »Hast du Lust, nächstes Wochenende zum Apfelpflücken auf den Hof meines Onkels zu kommen?« Ja, sicher. »Möchtest du unseren Austauschschüler aus Finnland kennen lernen?« Natürlich. Nicht jedes dieser Erlebnisse wird wahnsinnig aufregend sein, aber es wird Sie zumindest in eine Situation bringen, in der Sie etwas Aufregendes erleben können.

Nehmen Sie sich vor, sich selbst täglich mindestens einmal die Chance zu geben, etwas Neues zu tun; sich jede Woche etwas Besonderes zu gönnen und einmal im Monat etwas zu unternehmen, was einen richtig vom Hocker reißt. Auf diese Weise bekommen Sie Übung, sodass Sie alle ein, zwei Jahre den Rat des persischen Dichters Rumi befolgen können und ein »gewaltiges, närrisches Projekt wie Noah in Angriff nehmen«. Was die Menschen von Ihnen halten, ist völlig gleichgültig. Ja – das ist ein Leben, das es wert ist zu leben und dass Ihre Mutter dafür so lang in den Wehen lag.

Wenn diese »Übung in Begeisterung« von Erfolg gekrönt sein soll, müssen Sie sich selber gut kennen. Was bewegt Sie? Was geht Ihnen ans Herz? Was versetzt Sie auf Wolke sieben? Also ich lasse mich von großen Musicals mitreißen und von jedem Film, der mich zum Lachen oder Weinen bringt und bei dem ich hinterher Stunden lang diskutieren kann. Neue Ideen und frische Variationen alter Ideen sind für mich so aufregend wie eine Achterbahnfahrt mit mehreren Loopings. In echte Hochstimmung gerate ich, wenn ich einen Vortrag halte und merke, dass meine Zuhörer mitgehen, oder wenn ich etwas geschrieben habe, von dem ich weiß, dass es die Leser erreichen wird, weil mein Lektor ein »Klasse!« an den Rand des Manuskripts gekritzelt hat. Und in Gegenwart von Menschen, die ich bewundere und an Orten, wo solche Menschen gelebt oder gearbeitet haben, sperre ich Mund und Augen auf.

Wenn ich bereit bin, solche Anstrengungen in Kauf zu nehmen, solche Orte aufzusuchen und all diese Dinge zu erleben, sehe ich bei meiner Rückkehr jedes Mal aus, als sei ich zur Kur gewesen. Aufregende Dinge zu unternehmen ist wie Fitnessurlaub in einem Wellness-Center. Es lässt Ihre Sorgen schrumpfen und bringt Sie zum Strahlen.

Und es immunisiert Sie gegen alle Arten von Reue und Bedauern. Denken Sie an die Leute, von denen wir bereits gesprochen haben, jene, die ein ganzes Stück besser aussehen könnten, als sie aussehen. Es ist durchaus vorstellbar, dass ihre Verhärmtheit weniger von dem herrührt, was sie durchgemacht haben, als von dem, was sie sich entgehen ließen. Der Mensch übersteht alle möglichen schlimmen Erlebnisse. Und wenn auch einige die sichtbaren Spuren des Grauens ein Leben lang mit sich herumschleppen – sie machen auch weiterhin wunderbare und tiefe Erfahrungen, die das Leben versüßen wie Honig unseren Tee. Wir werden entschädigt für die Dinge, die wir am liebsten vergessen würden. Wenn Sie sich die Mühe machen, etwas Aufregendes zu unternehmen, wird es Ihnen das Leben mit spürbar mehr Lebensfreude vergelten.

26.

Entwerfen Sie Ihren Traum

Je deutlicher sich Ihre Träume in Ihrem Leben offenbaren,
umso klarer offenbart sich Ihr inneres Licht in Ihren Gesichtszügen.

Wir kommen ohne Reiseroute und Wegeverzeichnis auf diese Welt, aber wir haben unsere Träume und Visionen, die uns die Richtung vorgeben, uns sagen, was wir zu geben und was wir zu tun haben. Je deutlicher sich Ihre Träume in Ihrem Leben offenbaren, umso klarer wird sich Ihr inneres Licht in Ihren Gesichtszügen offenbaren. Träume lassen sich verändern. Man kann sie verbessern oder abkürzen, aber man kann sie nicht völlig ignorieren, es sei denn, man ist bereit, auf ein Stück von sich selbst zu verzichten.

Um die Realisierung Ihrer Träume in Angriff zu nehmen, ist es notwendig, zwischen *Traum*, *Wunsch* und *Fantasie* zu unterscheiden. Ein Traum ist beharrlich, ein Wunsch dagegen vergänglich. Anders als bei einer Fantasie aber ist die Erfüllung beider möglich. Angenommen, Sie wünschen sich ein Paar Sandalen mit dünnen Riemchen, die Sie in einem Geschäft gesehen haben. Vielleicht kaufen Sie es, vielleicht auch nicht. Auf lange Sicht spielt beides keine Rolle. Unsere Wünsche sind letztlich austauschbar: die Riemensandaletten vom Sommer werden von den Schnürstiefeln des nächsten Winters abgelöst. Unerfüllte Träume hingegen hinterlassen ein nagendes Gefühl von Leere. Ihr Traum kann so groß sein, wie er will – ja, je größer desto besser – er befindet sich immer im Reich des Möglichen. Wenn nicht, handelt es sich um eine Fantasie, das heißt um etwas Unerreichbares. »Ich hätte gern mein eigenes Geschäft« ist ein Traum. »Ich möchte Königin von England sein« dagegen ist eine Fantasie.

Dass es grundsätzlich möglich ist, einen Traum zu verwirklichen, heißt nicht, dass es auch leicht sein wird. Ein solches Vorhaben kann ihr Leben durcheinanderwirbeln, Ihre Finanzen strapazieren und Ihre Entschlossenheit auf die Probe stellen. Doch fassen Sie Mut: Früher wurden Leute für ihre Träume enthauptet oder auf dem Scheiterhaufen verbrannt. Heutzutage ist das Haupthindernis meist die Angst. Ein Reporter fragte den Baseballspieler George Brett, warum es angesichts so vieler guter Spieler nur so wenige echte Stars gebe. Worauf er erwiderte: »Die meisten Spieler haben Angst, Stars zu sein.« Genauso haben die meisten Menschen Angst, ihre Träume wahr zu machen, weil verwirklichte Träume unser Leben verändern. Und Veränderung ist die beängstigendste – und unvermeidlichste – Sache der Welt. Ihr Leben wird sich so und so ändern – wenn nicht in Richtung Ihrer Träume, dann eben in eine andere.

Wenn Sie aber bereit sind, trotz Ihrer Ängste voranzuschreiten, so konzentrieren Sie sich auf den Traum, der *jetzt* in Ihnen Gehör fordert. Planen Sie seine Realisierung, indem Sie sich eine Schatz-Karte anfertigen. Diese Schatz-Karte besteht aus einem Stück Karton, das Sie mit aus Zeitschriften ausgeschnittenen Bildern und Worten – die irgendwie Ihren Traum verkörpern – bekleben. Hängen Sie die Karte an einen Platz, wo Sie sie täglich sehen können. Betrachten Sie sie vor und nach Ihrer Meditation, wenn Sie sich zentriert und ganz klar fühlen, sowie auch vor dem Schlafengehen, damit die Bilder in Ruhe auf Ihr Unbewusstes einwirken können.

Die durchschnittliche Lebensdauer meiner Schatz-Karten beträgt zwei Jahre. Danach sind viele Träume wahr geworden oder neue aufgetaucht, denen ich jetzt nacheifere. Ich versuche, die Dinge zu beschleunigen, indem ich mich ringsum mit unauffälligen Erinnerungshilfen umgebe. Als ich beispielsweise nach New York gehen wollte, um dieses Buch zu schreiben und Leute aus dem Verlagswesen kennen zu lernen, musste ich mich mit zahlreichen logistischen und finanziellen Problemen auseinander setzen. Um mich bei der Realisierung meines Traums zu unterstützen, schenkte mir mein Mann einen Bildband über die Geschichte des Times Square, den ich jedes Mal, wenn ich im Wohnzimmer saß, vor mir liegen hatte. Ich entdeckte ein Mouse-Pad mit der Karte der New Yorker U-Bahn. Auf meinem Nachttisch stand ein Schnappschuss von der Ecke Siebzehnte Straße, Achte Avenue. Und wenn ich mal eine Minute Zeit zum Nachdenken hatte, versetzte ich mich in Gedanken dorthin: stellte mir vor, ein Taxi zu rufen, einen Bagel zu essen oder den Duft der Blumen einzuatmen, die ich eben bei einem Straßenverkäufer erstanden hatte.

In Gedanken war ich ständig in New York, was den Boden für meinen späteren Besuch bereitete. Natürlich arbeitete ich auch ganz praktisch an der Umsetzung meines Traums, aber ich baute auch eine innere Anziehung auf, die einen Misserfolg eigentlich unmöglich machte. Die Erfüllung von Träumen beruht gleichermaßen auf inneren und auf äußeren Anstrengungen. In meinem Fall führte dieser doppelte Einsatz zu einem unvergesslichen Herbst in Manhattan.

Abgesehen von visuellen Hilfen und mentalen Bildern müssen Sie selbstverständlich auch ganz konkrete Schritte unternehmen, um Ihren embryonalen Traum in einen lebensfähigen Zustand hochzupäppeln. Diese Schritte können winzig klein sein; ihre Macht liegt in der Intention, die sich dahinter verbirgt.

Machen Sie sich klar, dass Ihr Traum im Begriff ist, sich zu erfüllen. Vielleicht sieht er am Ende dann etwas anders aus, als Sie ihn sich vorgestellt haben, oder Ihr eigenes Timing und das des Lebens stimmen womöglich nicht ganz überein. Ihr Traum kann sich auch nur stückweise und nicht auf einmal erfüllen. Also halten Sie nach den Stücken Ausschau.

Wenn Ihr Traum aber wahr wird, so beobachten Sie

seine Realität genauso konzentriert, wie Sie einst sein Potenzial betrachtet haben. Registrieren Sie ihn in allen Einzelheiten, auch jenen, auf die Sie lieber verzichtet hätten. Das Kind, das Sie sich so sehnlichst gewünscht haben, wird Sie nachts wach halten; in dem Beruf, für den Sie alles gegeben hätten und alles geben, werden Sie länger und schwerer arbeiten, als Sie es je für möglich hielten. Aber es ist Ihr Traum. Geben Sie sich ihm hin. Mit Leib und Seele.

27.

Führen Sie ein einfaches Leben

Wenn Sie sich öfter als zweimal im Monat überfordert fühlen,
dann wissen Sie, dass Ihr Leben zu kompliziert ist.

Wenn Sie positive Gedanken pflegen und Ihr Leben im Griff haben, befinden Sie sich in jenem wunderbaren Gleichgewicht, in dem uns alles leicht von der Hand geht. In diesem Zustand haben Sie die Freiheit, so schön, kreativ und erfüllt zu sein, wie es Ihrer Seele zu Beginn Ihres Lebensabenteuers bestimmt war. Viele Menschen gelangen niemals auch nur in die Nähe dieser Balance zwischen hochherzigem Denken und einfachem Leben, weil unsere Kultur nur noch auf Herdenmentalität und Konsum setzt. Ständig werden wir mit der Lüge bombardiert, Besitz mache uns glücklich. Wenn wir darauf hereinfallen, werden wir zwangsläufig traurig und enttäuscht sein, weil wir uns entweder ständig nach Dingen verzehren, die wir nicht haben können, oder weil wir bekommen, was wir haben wollten, und dann feststellen, dass die Dinge ihr Versprechen nicht einlösen.

Eine Vereinfachung unseres Lebens kann dann weiterhelfen, solange diese Vereinfachung nicht selbst zum unerreichbaren Maßstab erhoben wird. Einfaches Leben heißt nicht, mit möglichst wenig auskommen zu wollen – das wäre Armut –, sondern erfolgreich Prioritäten zu setzen. Wenn Sie Ihre Ziele und Prioritäten klar erkennen, können Sie ohne Bedauern auf alles, was diese nicht fördert, verzichten, ob es sich um Gerümpel in Ihren Schränken oder Termine in Ihrem Kalender handelt.

Ehe unsere Tochter zur Welt kam, lebten mein erster Mann und ich in einer kleinen Studentenwohnung unweit der Eisenbahngleise von Wheaton, Illinois. Wir hatten ein Treffen der dortigen Quäker-Gemeinschaft besucht und wollten uns ihr anschließen. Zum Aufnahmeverfahren gehörte es unter anderem, dass einem altgediente Mitglieder einen Hausbesuch abstatteten. Ich war nervös. Da ich ja wusste, wie sehr den Quäkern an Einfachheit gelegen war, machte ich mir Sorgen, dass unsere Lebensweise für sie womöglich nicht einfach genug sein könnte. Doch offen-

bar nahm niemand an unserem gebrauchten Schwarz-
weißfernseher Anstoß, und wir wurden als neue Mitglieder willkommen geheißen.

Als wir andere Gemeindemitglieder kennen lernten,
stellten wir fest, dass viele von ihnen große, gut eingerich-
tete Häuser und bequeme Autos besaßen. Und sie reisten
zu ihrem Vergnügen und auch aus humanitären Gründen
in der ganzen Welt herum.

Allmählich dämmerte es mir: Es geht nicht darum, wie
groß jemandes Haus ist oder wie viel Spielzeug er besitzt,
sondern darum, in was er seine Energien investiert.

Wenn Sie sich öfter als zweimal im Monat überfordert
fühlen, wissen Sie, dass Ihr Leben zu kompliziert ist. Zwei
Entschuldigungen dafür sind zulässig: Ihre Periode und
die Tatsache, dass wir in einer komplizierten Welt leben.
Abgesehen davon aber sollte Ihr Leben glatt laufen. Auch
in einem unkomplizierten Leben gibt es natürlich Probleme, schließlich leben wir auf der Erde und nicht im Himmel, aber die Probleme sollten nicht daher rühren, dass
man sich zu viel aufgebürdet und zu viele Versprechen
einzulösen hat. Darum:

Stellen Sie jeden Tag auf das feste Fundament Ihres Daseinszwecks.
Sie sind ein Ausdruck des Ewigen und haben eine Aufgabe, die niemand außer Ihnen erfüllen kann. Wenn Sie sich
das in Ihren Tagesplaner schreiben, verzetteln Sie sich weniger in zeitaufwendigen Nichtigkeiten, die nur Stress ver-
ursachen und Energie kosten.

Erledigen Sie das Notwendige zuerst. Es ist verführerisch, spontan unseren Wünschen nachzugeben und die Pflicht hint-
anzustellen, aber sicher nicht klug – vor allem heutzutage
nicht, wo das Leben eine derartige Geschwindigkeit erreicht hat. Physiker haben sogar die Hypothese aufgestellt, dass sich das Universum beschleunigt habe. Ich kenne mich nicht aus mit dem Universum, aber in der Tat
kommen mir die Tage kürzer vor als früher, und es bleibt
uns wirklich nicht viel Muße. Finden Sie heraus, was Ihnen wichtig ist, und handeln Sie entsprechend. Erste Pri-
orität für jeden, dem es um Spiritualität geht, sollte die Erkenntnis Gottes oder aber Selbsterkenntnis sein – je nach
philosophischem Standpunkt. Abgesehen davon können
Sie Ihrer Familie, Arbeit, Freunden, Bildung, Erholung,
sonstigen Engagements sowie der Pflege Ihres Körpers,

Ihrer Wohnung und Ihrer Besitztümer Platz einräumen und zwar in einer Reihenfolge, die Ihnen angemessen erscheint.

Vereinfachen Sie Ihre Körperpflege. In Modezeitschriften liest man zuweilen, dass die Schönheitspflege irgendeines wunderschönen Models lediglich darin besteht, dass sie sich mit Seife aus dem Supermarkt wäscht, mit Mandelöl einkremt und außer Fahrradfahren für die täglichen Erledigungen keinen Sport betreibt. Das klingt irgendwie ungerecht und verlogen. Doch heute glaube ich es. Diese Frau hat herausgefunden, was gut für sie ist, und lässt alles Überflüssige beiseite. Das können Sie auch. Wenn irgendetwas gut für Sie ist, bleiben Sie dabei. Aber tun Sie nie des Guten zu viel, egal was die Frau hinter der Verkaufstheke Ihnen aufzuschwatzen versucht.

Zelebrieren Sie hin und wieder das einfache Leben. Wir sollten uns öfter daran erinnern, wie schön das Leben sein kann, wenn wir uns von der Komplexität unseres bequemen Lebens befreien. Ob wir am Wochenende eine Stunde von unserer Wohnung entfernt zelten oder einen Monat lang in Nepal wandern – diese Zeiten fern des Altgewohnten zeigen uns wieder, wer wir wirklich sind.

Richten Sie sich so ein, dass Ihr Leben möglichst glatt verläuft. Falls Sie Lippenstift benutzen, sollten Sie zwei in derselben Farbe kaufen, damit Sie immer einen im Bad und einen in Ihrer Handtasche griffbereit haben. Günstig platzierte Ersatzschlüssel sind ein Geschenk des Himmels. Mit Erinnerungsstücken an geliebte Menschen und glückliche Zeiten können Sie jedem Ort ein persönliches Flair verleihen. Dass man sich mit diesen notwendigen Accessoires eines guten Lebens umgibt, darf jedoch nicht mit der Sammelwut derjenigen verwechselt werden, die jeden Bindfaden aufheben und elf Jahrgänge von *National Geographic* horten. Der Unterschied ist leicht zu erkennen, denn die Dinge, die unserem Leben förderlich sind, werden häufig benutzt und geben uns ein gutes Gefühl. Bindfaden tut das nicht.

Begegnen Sie aufdringlichen Menschen, die es auf Ihren Raum und Ihre Zeit abgesehen haben, mit höflicher Ablehnung. Rundbrief? Nein danke. Flugblatt, Broschüre, Speisekarte? Nein dan-

ke. Wenn Sie wirklich wissen wollen, was Sie im Mongo-
len-Grill Dschingis Khan erwartet, können Sie die Speisekarte ja nehmen, aber lehnen Sie alles, was Sie nicht haben wollen und was nur Ihre Tasche oder Ihren Tag voll
müllt, höflich ab.

Auch ein Telefonat kann man freundlich beenden: »Es
war mir ein Vergnügen, mit Ihnen zu sprechen. Aber jetzt
muss ich wirklich auflegen.« Sie können auch eine E-Mail
lesen und es, wenn eine Antwort nicht ausdrücklich verlangt wird, dabei belassen. Und auch der Verpflichtung
für die Angelegenheiten anderer können Sie sich höflich
aber bestimmt entziehen. Konzentrieren Sie sich auf Ihre
eigenen Angelegenheiten, und Sie werden genug zu tun
haben.

TEIL VI

~

*Die Schönheit des
Charakters*

28.

Nehmen Sie andere Menschen wichtig

*Der am weitesten verbreitete Mythos über Schönheit
ist der, dass Frauen (oder Männer) attraktiv seien,
weil sie gut aussähen. Das stimmt nicht ganz.
Sie sind attraktiv, weil jemand sie attraktiv findet.*

Vor kurzer Zeit war ich mit meiner Freundin Lane beim
Essen. Wir saßen in einem chinesischen Restaurant namens Noodle House, auf dessen Speisekarte Nudeln nicht
einmal vorkamen. Ich kenne Lane seit mehr als zehn Jahren. In dieser Zeit wurden unser beider Leben von einer
Scheidung, einer Trennung, von Krankheiten und Unfäl-
len, Umzügen und sonstigen Umwälzungen erschüttert.
Wir haben volle Teller und leere Nester, den Tod unserer
beiden Väter und den Verlust von drei geliebten Katzen
sowie Daffodils, eines heiß geliebten Golden Retrievers,
gemeinsam durchgestanden. In all diesen Schicksalsschlä-

gen haben wir uns gegenseitig unterstützt, aber wenn wir uns sehen, treten diese traurigen Dinge in den Hintergrund und wir lachen die meiste Zeit.

Mir vis-à-vis suchte Lane vergebens nach einem Gericht mit Nudeln, ihre Brille saß auf ihrer Nasenspitze und ließ sie fast so weise aussehen, wie sie tatsächlich ist. Ich sah sie an und dachte: »Sie ist wirklich eine schöne Frau.« Also sagte ich es ihr auch. »Du spinnst«, meinte sie, »aber trotzdem vielen Dank.«

Ich finde Lane nicht nur deshalb schön, weil sie meine Freundin ist und weil ich sie liebe. Aber weil sie meine Freundin ist und weil ich sie liebe, kommt in meinem Gehirn jedes Mal, wenn ihm meine Augen das Bild »Lane« übermitteln, die Botschaft »schön« an. Auch andere Menschen aus meinem Bekanntenkreis finde ich sehr attraktiv, weil ich sie bewundere, respektiere, schätze oder so viel mit ihnen erlebt habe, dass sie mir nach einer Weile einfach richtig schön erschienen sind. Der am weitesten verbreitete Mythos über Schönheit ist der, dass Frauen – oder Männer – attraktiv seien, weil sie gut aussehen. Das stimmt nicht ganz. Sie *sind* attraktiv, weil jemand sie attraktiv *findet*.

In der Welt der Medien wird dieser Zusammenhang durch Marketing-Strategien hergestellt. »X ist die schönste Frau der Welt«, und irgendein anderer gilt als »sexiest man alive«. Wenn wir das oft genug hören, beginnen wir es zu glauben. Dann entwickelt sich eine Person, die man im letzten Jahr keines zweiten Blickes gewürdigt hat, zur Inkarnation von Schönheit oder Männlichkeit. Persönlich reagieren wir auf die Attraktivität bei anderen je nachdem, wem aus unserer Vergangenheit sie ähneln oder wie nahe sie dem kommen, was wir für unser Schönheitsideal halten. Wenn wir die Menschen dann eine Weile kennen, entdecken wir mehr von ihnen, entdecken wir ihre Persönlichkeit. Und dann beginnt diese – viel stärker als einzelne Gesichtszüge oder körperlichen Merkmale –, unsere Wahrnehmung von ihnen zu formen.

Die anderen nehmen uns umgekehrt genauso wahr. Wenn Sie also so schön aussehen wollen wie Ihre Seele, dann müssen Sie den anderen etwas von dieser Seele zeigen. Oft halten wir uns zurück, weil wir Angst haben oder schüchtern sind: »Wenn sie wüsste, wie ich wirklich bin, würde sie mich bestimmt nicht mehr mögen.« Aber unser wahres Ich ist nun einmal das Einzige, was ein anderer lieben kann. Alles andere ist die Mühe des Kennenlernens gar nicht wert.

Wir zeigen anderen unsere Seele erst, wenn wir wissen, wo in diesem Meer von anderen unser Platz ist. Interessant in diesem Zusammenhang ist der Begriff des »bedeutsamen anderen« für Partner oder Geliebten. Diese Bezeichnung impliziert, dass nur eine Liebesbeziehung einen Menschen zu einem bedeutsamen anderen machen kann. Was absurd ist. Natürlich stehen uns manche Menschen näher als andere, aber jeder unserer Freunde ist bedeutsam, so wie auch wir für viele andere in unserem Leben bedeutsam sein wollen.

Ein spiritueller Lehrer erzählte mir einmal, ein vernünftiges Ziel im Leben bestehe darin, jedes Kind so zu betrachten wie meinen eigenen Sohn oder meine eigene Tochter. Ich war noch nicht einmal Mutter, als er mir das erzählte und dennoch erkannte ich irgendwie, dass dieses Ziel unerreichbar war. Aber wir können auf unserem Weg von hier (Realität) nach dort (Ideal) andere wenigstens als bedeutsam erachten und unser Bestes tun, um heute für die uns Nahestehenden und den Rest der Welt eine positive »andere« zu sein.

Um den Menschen um Sie herum ihre wahre Bedeutung zuzugestehen, können Sie Folgendes tun:

Folgen Sie Ihren positiven Eingebungen. Wenn Ihnen einfällt, dass Sie eine bestimmte Freundin anrufen sollten, oder den Impuls verspüren, einem Obdachlosen Geld zu geben, obwohl Sie sonst nur an Wohltätigkeitsorganisationen spenden, dann tun Sie es. Ihre Seele kann keine Reklametafeln aufstellen; sie äußert sich nur in diesen spontanen Eingebungen, die man in der Hektik des Alltags oft übergeht.

Unterstützen Sie Ihre Mitmenschen so, wie diese es sich wünschen. Das fällt uns bei Frauen leichter als bei Männern (finde ich jedenfalls), am schwersten aber ist es oft beim eigenen Partner. Was wollen diese uns oft so fremden Wesen eigentlich? Am besten, Sie fragen sie. Beobachten Sie sie. Achten Sie darauf, wie Sie von Ihrem Mann/Freund unterstützt werden. Er wünscht sich, dass Sie ihm auf dieselbe Weise helfen. Manche Menschen sind sehr pragmatisch; sie suchen nach Antworten, Lösungen, wollen Aufgaben erledigen. Andere sind eher philosophisch veranlagt, sinnieren gerne, lieben Ideen und Metaphern. Jeder aber erhofft sich ein offenes Ohr, wenn er sich aussprechen will, und möchte in Ruhe gelassen werden, wenn ihm danach ist.

Entdecken Sie die Schönheit anderer Menschen. Alle meine Freundinnen sind schön. Natürlich sind sie verschieden gebaut, gehören unterschiedlichen Typen und Altersstufen an – aber ich finde jede von ihnen absolut großartig. Sie können sich sicher noch erinnern, wie wichtig es in der Schule war, mit den hübschesten Mädchen der Klasse befreundet zu sein. Ich hatte die Schule längst hinter mir, als ich es in die »In-Szene« schaffte, als ich nämlich erkannte, dass mich die Suche nach meinem inneren Licht zu *den* Leuten führt, die das ihre suchen. Es sind einzigartige und außergewöhnliche Menschen. Ich schätze mich glücklich, mit einem von ihnen zusammen zu sein, und bin überglücklich, wenn gleich mehrere von ihnen versammelt sind. Der Himmel ist für uns dort, wo all unsere Freunde sind.

Seien Sie großzügig mit ehrlichen Komplimenten. Mit einem freundlichen Wort können wir jemandem den Tag retten und ihm das Gefühl geben, einem Menschen etwas zu bedeuten. Der Unterschied zwischen einem ehrlichen Kompliment und einem gezwungenen ist auch für uns selbst spürbar. Ein ehrliches Kompliment – das fühlen wir – kommt aus tiefstem Herzen. Man empfindet es fast körperlich. Man hat einfach das Bedürfnis, einem anderen etwas Positives mitzuteilen, ob es nun die eigene Mutter oder der Typ ist, der gerade die Pizza gebracht hat.

Bleiben Sie in Kontakt. Die Menschen, die uns viel bedeuten, möchten wissen und spüren, dass es so ist. Deswegen ist es wichtig, in Kontakt zu bleiben. Das ist heute – wo so viele im Laufe ihres Lebens an den verschiedensten Orten wohnen und mehr Freundschaften schließen, als für unsere Vorfahren vorstellbar war – schwieriger geworden. Manche Menschen treten nur für eine kurze Zeit in unser Leben; man lebt sich wieder auseinander und das war's. Zu anderen jedoch, die zu verlieren jammerschade wäre, können wir mit Briefen, Anrufen und E-Mails Verbindung halten. Ich habe immer ein paar Karten in meinem Tagesplaner, sodass ich, wenn ich vor einem Termin einmal warten muss, immer jemandem schreiben kann.

Seien Sie eine gute Freundin. Seien Sie die Art von Freundin, die Sie sich selber wünschen würden. Hören Sie zu. Zeigen Sie, wer Sie sind. Behalten Sie Vertrauliches für sich. Räumen Sie Probleme schon aus, bevor Sie darüber stolpern. Und bleiben Sie – egal, was Ihre Freunde denken oder tun – immer sich selber treu. Damit gestatten Sie auch Ihren Freunden, sich treu zu bleiben.

29.

Seien Sie großzügig

Großzügigkeit heißt, sein Ego zu überwinden, sich über den Kleingeist zu erheben und Generosität und Courage zu zeigen.

Tina schlug sich mit einem Problem an ihrem Arbeitsplatz herum. »Ich habe es satt, mich ständig zusammenzureißen«, erzählte sie mir. Sie tat es trotzdem, wieder einmal. Und es überraschte mich nicht, denn Tina hat Charakter. Sie weiß, wo sie Zuflucht, Rat und Neuorientierung findet, wenn sie sie braucht, und sie verfügt über eine Ausstrahlung, an der man sie noch in einem Fußballstadium aus Tausenden herauskennt. Tina ist die einzige mir bekannte Frau, die während eines ihr aufgezwungenen Scheidungsprozesses besser aussah als vorher. Am Tag, als ihre Scheidung rechtskräftig wurde, gingen wir zusammen zu Mittag essen und ein gut gekleideter Mann trat an unseren Tisch und bat sie um ein Rendezvous. Sie lehnte ab mit der Erklärung, dass sie vermutlich fünfzehn Jahre älter sei als er. Es stellte sich heraus, dass es sogar zwanzig waren.

Das Geheimnis von Tinas Schönheit ist meiner Ansicht nach ihre Großzügigkeit. Großzügigkeit, Großherzigkeit oder Großmut bedeutet, sein Ego zu überwinden, sich über den Kleingeist zu erheben und Generosität und Courage zu zeigen. Wenn Ihre Großzügigkeit Ihrer Seelenstärke entspringt, dann verzichten Sie nicht aus Schwäche, geben Sie nicht aus Angst. Bei wichtigen Angelegenheiten beharren Sie durchaus auf Ihrem Standpunkt. Bei unwichtigen aber geben Sie – mit Anmut und Würde – nach.

Großherzig sind Sie immer dann, wenn Sie den ersten Schritt tun, um einen Streit zu beenden; immer dann, wenn Sie die Vergangenheit ruhen lassen können. Großmut beweisen Sie, wenn Sie etwas Nobles getan haben und es nicht an die große Glocke hängen. Wenn Sie jemandem einen Gefallen tun, seine Dankesbezeugungen mit einem »Es war mir ein Vergnügen!« beantworten und dabei spüren, dass es Ihnen wirklich eines war, dann haben Sie tatsächlich den Bogen raus.

Etwas so Einfaches wie das Nachgeben in einer unbedeutenden Sache oder jemand anderen Recht haben zu lassen, ist Großzügigkeit par excellence. Für einen Menschen, dessen innere Ressourcen sehr gering sind, scheint das Rechthaben eine innere Leere zu füllen, so wie ein Hungernder Wasser trinkt, um seinen leeren Magen vorübergehend zu füllen. Wenn Sie großzügiger werden, werden Sie auch besser verstehen, dass manche Menschen, obwohl sie die gleiche göttliche Flamme in sich tragen wie Sie, nichts von ihr wissen.

Ähnlich Kinder – mit denen wir geduldig sind, weil sie noch wenig Lebenserfahrung haben – scheinen viele Erwachsene sehr wenig »Seelenerfahrung« zu besitzen. Solche Menschen liefern uns permanent Gelegenheit, unsere Großherzigkeit unter Beweis zu stellen.

Eine weitere Form von Großherzigkeit ist das freie Geben. Indem Sie großzügig geben, eröffnen Sie ein Konto bei der Bank des Himmels. In solcher Fülle, solchem Reichtum zu leben, heißt, sich entspannt und gelassen zu fühlen. Wohlhabende Frauen sehen nicht nur darum gut aus, weil sie sich Designer-Klamotten, häufige Schönheitsbehandlungen und plastische Chirurgie leisten können, sondern auch deshalb, weil sie in der Sicherheit des Reichtums leben. An dieser Sicherheit können auch wir Anteil haben, ohne dass wir dafür im Lotto gewinnen oder an der Börse unser Glück machen müssen. Im Alltag kann Generosität schlicht und einfach bedeuten, dass man sein Trinkgeld auf den vollen Euro aufrundet oder sich beim Ausgehen mit Freunden nicht um das Teilen der Rechnung streitet, bis die Beträge mit mathematischer Präzision ermittelt sind. Werden Sie lockerer. Seien Sie großzügig. Machen Sie Menschen, die Ihnen wichtig sind, kleine Geschenke. Spenden Sie an Wohltätigkeitsorganisationen, die Ihnen sympathisch sind, und unterstützen Sie spirituelle Unternehmungen, die Ihnen am Herzen liegen.

Geben Sie Almosen! Ob Jude, Christ oder Moslem – alle großen Religionen befürworten das Almosengeben, und auch wenn man gar keiner Konfession angehört, bringt das regelmäßige Spenden Sie in Ihrer inneren Entwicklung weiter. Das Geben scheint unsichtbare Schleusen zu öffnen und Blockierungen zu lösen: Das spirituelle Gesetz von Geben und Nehmen funktioniert eindeutig zugunsten der Spender. Denn die machen sich keine Sorgen mehr um ihr Geld.

Indem Sie – und wenn auch nur ein kleines bisschen – großzügiger werden, bekommen Sie immer häufiger Gelegenheit, Ihre positiven Seiten zu zeigen. Und eines Tages werden Sie erkennen, dass Sie zu dem Menschen geworden sind, der Sie immer sein wollten. Ein schöneres Gefühl gibt es nicht.

30.

Seien Sie vertrauenswürdig
und tolerant

Eine positive Ausstrahlung beruht auf Selbstvertrauen.

Wenn Ehrlichkeit Wahrhaftigkeit im Reden bedeutet, dann ist Vertrauenswürdigkeit nicht weniger als gelebte Wahrhaftigkeit. Wie schön ist es doch, wenn wir uns des in uns gesetzten Vertrauens als würdig erweisen. Und diese Vertrauenswürdigkeit wächst mit jedem Mal, wenn wir erscheinen, wie von uns angekündigt, wenn wir tun, was wir in Aussicht gestellt haben, zahlen, was wir schulden und unsere Versprechen an andere und uns selbst erfüllen.

Der erste Schritt zu größerer Vertrauenswürdigkeit besteht darin, weniger zu tun als bisher, damit wir unseren bestehenden Verpflichtungen besser gerecht werden können. Versprechen Sie weniger, als Sie tun können, damit Sie auf jeden Fall in der Lage sind, die in Sie gesetzten Erwartungen zu erfüllen oder gar zu übertreffen. Terminieren Sie Ihre Verabredungen großzügig, damit Sie nicht fürchten müssen, in Hektik zu geraten und noch Zeit haben, sich zu sammeln, zu lesen, zu schreiben oder einen Anruf zu tätigen. Bemühen Sie sich um Aufrichtigkeit, auch bei so nebensächlich erscheinenden Dingen wie der flüchtigen Einladung: »Lassen Sie uns doch mal einen Kaffee trinken.«

Der nächste Schritt ist der, sich selbst als vertrauenswürdigen Menschen zu betrachten. Wir neigen dazu, uns an unseren selbst gesetzten Maßstäben zu orientieren. Sehen Sie sich als integere Person, und achten Sie darauf, dass Ihr Handeln Ihren Erwartungen entspricht. Lernen Sie, die Tugend der Vertrauenswürdigkeit um ihrer selbst willen zu schätzen.

Nehmen Sie jene wunderbaren, altmodischen Adjektive in Ihr Vokabular auf, die Ihre Großeltern noch ganz selbstverständlich benutzt haben: aufrichtig, ehrlich, ehrenhaft, redlich, rechtschaffen frank und frei, verlässlich, hochherzig. Überlegen Sie, was es heißt, einen »guten Charakter« zu haben, »Salz der Erde« zu sein oder »zu seinem Wort zu stehen«. Als meine Tochter lesen lernte, bestellte ich ihr eine Faksimile-Ausgabe eines Lesebuchs aus dem 19. Jahrhundert, weil diese Tugenden und Prinzipien in diesen Geschichten noch allgegenwärtig waren. Man begegnet ihnen auch, wenn man Biografien großer Persönlichkeiten liest oder Romane, in denen die positiven Charaktere triumphieren.

Während Sie allmählich immer größere Charakterstärke entwickeln, sollten Sie vor einer Sache auf der Hut bleiben: der sich gerne einschleichenden Selbstgerechtigkeit. Durch Toleranz halten Sie sie in Schach. Merkwürdigerweise sind ethische Grundsätze Moden unterworfen wie Ferienorte und Cocktails. Toleranz ist heute in gewissen Kreisen nicht sehr angesehen, weil man sie für eine »schwache« Tugend, einen Nicht-Standpunkt hält. Wahre Toleranz bedeutet aber ganz im Gegenteil ein so festes Eintreten für die eigenen Überzeugungen, dass man kein Problem damit hat, dasselbe auch anderen zuzugestehen.

Im College besuchte ich einen Kurs über den Islam, der von einem christlichen Geistlichen veranstaltet wurde. Der Geistliche erklärte uns die moslemische Lehre mit derartigem Wissen und Verständnis und einer derartigen Bewunderung und Leidenschaft, dass ein Student ihn fragte, warum er denn nicht zum Islam konvertiere. Er erwiderte: »Ich schätze Mohammed zwar sehr, aber mit Jesus fühle ich mich im Einklang.« Das also war Toleranz: die Wahrheit eines anderen zu schätzen, aber sich mit der eigenen im Einklang zu befinden. Ich belegte zwei weitere Kurse bei diesem Professor, und er lehrte uns mit der gleichen Fairness und Hochachtung das Judentum und den Buddhismus.

Keiner von uns weiß, wie er die Welt betrachten würde, wenn er in eine andere Familie hineingeboren worden wäre – ganz zu schweigen von einer anderen Kultur. Niemand von uns ist so klug, dass er sich Intoleranz erlauben könnte. Was nicht heißt, dass wir unsere Überzeugungen nicht verteidigen sollten; es ist sogar unsere Pflicht. Aber wir müssen es auf eine Art und Weise tun, durch die andere Überzeugungen nicht abgewertet werden.

Das klingt alles sehr ernst und schwer – wo es uns doch nur um »Ausstrahlung« geht. Aber unsere Ausstrahlung basiert auf Selbstvertrauen. Und Selbstvertrauen bekommt man leider nicht geschenkt. Wenn wir aber einmal Vertrauen zu uns haben, dann können wir uns auch auf uns verlassen.

31.

Verzeihen Sie

*Verzeihen Sie einem Menschen, und Sie werden sich dem
Göttlichen näher fühlen, weil Sie etwas Göttliches getan haben.*

Groll macht uns grantig, und das bekommt uns überhaupt nicht. Nachtragende Menschen schmollen und die Falten, die sich davon in ihren Gesichtern eingraben, sind nicht die wunderbaren Linien, die von Jahren des Lachens, der Tränen und der schönen Erinnerungen zeugen. Sie sehen aus wie Furchen, die die Ungerechtigkeit, ob wirklich oder eingebildet, in ihre Haut gegraben hat.

Ausdrücke wie »einen Groll mit sich herumschleppen« oder »einen Hals schieben« treffen buchstäblich zu. Die von diesen Gefühlen Betroffenen mühen sich so mit ihrem Frust ab, dass es schon an ihrer Körperhaltung ablesbar ist. Diese negativen Emotionen loszulassen bringt eine sofortige Freisetzung von Energie.

Bei den Anonymen Alkoholikern praktiziert man das Verfahren, einem verabscheuten Menschen alles zu wünschen, was man sich selber wünscht. Das geht ganz einfach: »Lieber Gott, verschaff Joan diesen Job auf Hawaii, mach, dass sie mit den Kindern klarkommt und sich diesen tannengrünen BMW leisten kann.« Vielleicht mag Joan gar keinen BMW in Tannengrün, aber ihr zu wünschen, was man selber gern hätte, öffnet das Herz auf geradezu wundersame Weise. Man fühlt sich dem Schönen, dem Göttlichen näher, weil man etwas Göttliches tut. Weil man Segen auf jemanden herabbeschwört, und zwar ausgerechnet auf den Menschen, den Ihr altes Ego eher mit einer kaputten Schrottlaube herumfahren lassen würde.

Verzeihung kommt tatsächlich nur zu einem geringen Teil der anderen Person zugute. Niemandem geht es wirklich gut, wenn permanent negative Gedanken auf ihn abgeschossen werden. Diese Erkenntnis führte vermutlich zu dem alten Aberglauben, man könne seine Feinde mit einem Fluch belegen. Dennoch ist die Wirkung Ihres Grolls auf andere Menschen zu geringfügig, um wirklich als befriedigende Rache gelten zu können. Man kann es also genauso gut lassen. Ganz davon abgesehen sind *Sie* diejenige, die dabei am meisten abbekommt, da schließlich Sie die emotionale Last mit sich herumschleppen.

Vor einiger Zeit erklärte mir mein geistiger Lehrer, dass ich vieles zu verzeihen hätte. Ich solle eine Liste all der Personen machen, denen ich etwas nachtrug und die Dinge wieder ins Lot bringen. Bei allen bereits Verstorbenen kam ich mit einem ehrlichen Brief davon, und alle, die weit genug weg wohnten, konnte ich anrufen. All jene jedoch, die noch lebten und im Umkreis von 700 Kilometer wohnten, musste ich persönlich aufsuchen. Und ich durfte nicht etwa sagen: »Ich bin sauer auf dich, weil du mir im Kindergarten mein Mäppchen gestohlen hast.« Sondern ich sollte wieder gutmachen, was *ich ihnen* angetan hatte. »Sie sollen auf Ihrer eigenen Straßenseite kehren«, hatte mein Mentor gemeint.

Meine eigene Straßenseite kam mir vor wie eine gewaltige Autobahnstrecke. Dennoch besuchte ich einen nach dem anderen. Es kam zu einigen berührenden Begegnungen, einigen unbehaglichen Gesprächen und zwei quälenden Stunden mit meinem inzwischen verstorbenen Vater. Er bombardierte mich mit all den zornigen Vorwürfen, die er jahrelang mit sich herumgeschleppt hatte, und schloss mit einem »Gut. Ich bin froh, dass wir uns darüber unterhalten haben.«

Als ich alles hinter mir hatte, machte ich mich auf die achtstündige Heimfahrt. Ich fühlte mich erschöpft und ausgelaugt, aber auch befreit. An der letzten Mautstation verfehlten meine nachlässig hingeworfenen Münzen ihr Ziel. Der Angestellte hob gerade an: »Hey, das geht aber ... «, und dann begegneten sich unsere Blicke, und er sagte: »Nein, ist schon in Ordnung. Ich weiß, dass Sie zahlen wollten. Außerdem sind Sie wunderschön.«

Ich weiß, dass er das auf jene ganz platonische, feststellende Art meinte, und ich weiß auch, dass ich weder damals noch zu einem anderen Zeitpunkt »schön« im objektiven Sinn gewesen bin. Der Mann an der Mautstation sah an jenem Sommerabend etwas anderes. Er sah mein inneres Strahlen, weil es damals besonders auffällig war. Und er deutete es als Schönheit, weil es ihm als solche erschien.

Da dieses innere Licht unseren Wesenskern verkörpert, muss es dann, wenn alles es Verdunkelnde verschwunden ist, zwangsläufig erscheinen – wie David, nachdem Michelangelo allen Stein weggehauen hatte, der nicht David war. Groll und nachtragende Gedanken verfinstern unser inneres Licht mehr als alles andere. Dennoch fällt uns das Verzeihen nicht leicht. Und es gibt auch keine Garantie dafür, dass man uns entgegenkommt, dass die Menschen, denen wir verzeihen, ihre Herzen genauso weit öffnen wie wir – wenn sie es überhaupt tun. Dies ist ein Tanz, den Sie notfalls auch alleine tanzen müssen. Die Menschen, denen Sie verzeihen – ob Sie sie dazu aufsuchen oder es nur im Stillen tun –, ändern sich möglicherweise kein Stück. Doch wie auch immer – Sie zumindest können Ihre Bürde abwerfen.

Verzeihen Sie heute einem Menschen. Und wenn es sich gut anfühlt, dann verzeihen Sie morgen einem anderen. Beginnen Sie nicht damit, einem Menschen gleich die schlimmste Verletzung Ihres Lebens verzeihen zu wollen. Es erfordert einen hohen Grad an spiritueller Vervollkommnung, derart gründlich zu verzeihen. Ich habe gelesen, dass Mahatma Gandhi für die vielen brutalen Angriffe auf seine Person niemals Schmerzensgeld eingeklagt hat. »Sie glaubten ja, dass das, was sie getan haben, richtig sei«, sagte er. An diesem Punkt meiner spirituellen Entwicklung bin ich mit Sicherheit noch nicht angelangt.

Aber das macht nichts. Wir erwarten ja schließlich auch nicht von Viertklässlern, dass sie Gleichungen mit drei Unbekannten lösen. Verzeihen Sie, was Sie heute verzeihen können.

Und wenn Sie schon dabei sind – verzeihen Sie auch sich selbst. Louise Hay hat geschrieben: »Wenn wir das Gefühl haben, wir seien nicht ›gut genug‹, so liegt es nur daran, dass wir uns selbst nicht verziehen haben. Natürlich haben Sie schlimme Dinge getan. Das haben wir alle. Es ist schon viel erreicht, wenn wir diese Dinge nicht wiederholen. Wenn Sie jemandem Geld schulden, dann zahlen Sie es zurück. Wenn Sie sich bei jemandem entschuldigen müssen, tun Sie es. Und dann bitten Sie Gott oder das Leben oder woran immer Sie glauben, um Vergebung. Er, Sie oder Es wird es gerne tun, hat es bereits getan. Und wenn Gott oder das Leben Ihnen verzeiht, dann dürfen Sie sich selber auch verzeihen.«

32

Gehen Sie liebenswürdig durch den Tag

Liebenswürdigkeit heißt, nach der Maxime zu handeln,
dass es uns nie an der Zeit oder an der Fähigkeit fehlt,
uns umeinander zu bemühen.

Liebenswürdig zu sein bedeutet, dass man andere so behandelt, als seien sie ebenso viel wert wie man selbst. Durch diese Tugend erwirbt man sich die Bewunderung seiner Freunde und die Dankbarkeit von Fremden. Mit Sicherheit hat die Vorstellung, dass schöne Handlungen nicht nur den Charakter sondern auch die Erscheinung veredeln, hier ihren Ursprung. Denn wenn Liebenswürdigkeit auch unsere Gesichtszüge oder unsere Figur nicht verändert, so verwandelt sie doch die Art, wie die Menschen uns wahrnehmen.

Ich kenne eine Jugendbibliothekarin, die Kinder über alles liebt – und Bücher fast genauso. Während einer ihrer

Vorlesestunden am Wochenende meldete sich ein Fünf-
jähriger und verlangte heftig mit dem Arm fuchtelnd nach
Gehör. Sie unterbrach ihren Vortrag und fragte: »Ist es
denn was Wichtiges?« Er bejahte. »Gut, dann sag es uns«,
meinte sie. Er sah sie ein paar Sekunden lang aufmerksam
an und sagte dann: »Sie sind sehr schön.« Keines der anderen Kinder lachte oder stellte seine Behauptung in Frage, denn sie sahen es genauso. Wäre ihnen das Kranken-
blatt dieser Bibliothekarin je in die Hände gefallen, so hätten sie darauf gelesen: schwere Adipositas. Jenen Kindern
aber, die von ihr Samstag für Samstag in eine Welt der
Wunder entführt wurden, war das egal. Für sie war sie
schön.

Die Meinung der Kinder über ihre geliebte »Märchen-
fee« hängt mit dem Respekt, dem Mitgefühl und der Höflichkeit zusammen, die sie den Kindern entgegenbringt.
Auch Erwachsene reagieren natürlich auf diese Eigenschaften. Wir alle achten einen Menschen, der unsere Anstrengungen registriert, unsere Meinungen schätzt und
unsere Sorgen ernst nimmt. Wir mögen es, wenn sich jemand Zeit für uns nimmt, auch wenn er nur unsere Antwort auf die Höflichkeitsfloskel »Wie geht's Ihnen?« ab-

wartet. Denn Liebenswürdigkeit heißt, nach der Maxime handeln, dass es uns nie an der Zeit oder an der Fähigkeit fehlt, uns umeinander zu bemühen.

Indem wir uns liebenswürdig verhalten, machen wir das Leben für andere angenehmer. Vor kurzem sah ich in der U-Bahn einen jungen Mann, der einer Schwangeren seinen Platz anbot. Sein rücksichtsvolles Benehmen hatte so etwas Aufbauendes, dass mir die Fahrt viel mehr Spaß machte als sonst – obwohl ich stehen musste und mich an einen der Pfosten klammerte. Ich bin mir sicher, dass seine einfache Geste viele andere Passagiere ebenso berührt hat wie mich. Sie hob quasi das Umgangsniveau und war ein Präzedenzfall dafür, wie wir uns alle verhalten könnten.

Wenn Sie also etwas mehr Liebenswürdigkeit in Ihren Umgang mit anderen legen, schenkt das nicht nur Ihnen selbst, sondern auch allen anderen um Sie herum große Befriedigung. Sie wissen ja, wie es geht. Wahrscheinlich hat es Ihnen Ihre Mutter schon beigebracht, bevor Sie in den Kindergarten kamen. Wenn Sie in letzter Zeit nicht ganz so liebenswürdig waren, wie Sie es gerne wären, lag das vermutlich an der Hektik Ihres Alltags. Wenn das

Chaos ausbricht, bleibt die Herzlichkeit als Erstes auf der Strecke. Gewinnen Sie sie zurück, indem Sie sich Zeit nehmen und sich noch mehr um Freundlichkeit und Höflichkeit bemühen.

Probieren Sie einige dieser Vorschläge aus, und ergänzen Sie sie durch Ihre eigenen:

Seien Sie höflich. Seien Sie höflich zu Fremden. Und seien Sie höflich zu Menschen, die Sie nicht ausstehen können. Wenn Sie sich unsicher, fehl am Platz, oder um Worte verlegen fühlen – seien Sie einfach höflich. Es ist nicht nötig, alle Feinheiten der Etikette zu beherrschen. Höflichkeit heißt einfach, dass man den anderen respektiert und sich zuweilen zurücknimmt. Doch man hat uns Resolutheit und Selbstbehauptung so gründlich eingebleut, dass wir uns einbilden, wenn wir jemandem den Vortritt ließen, würde uns das als Schwäche ausgelegt. Das ist ein Irrtum. Wer ein gesundes Selbstwertgefühl besitzt, behandelt Kleinigkeiten auch als Kleinigkeiten.

Nennen Sie Leute bei ihrem Namen. Jeder mag es, wenn man ihn persönlich anspricht. Sie können es bei Freunden,

Kollegen, Geschäftspersonal mit Namensschildchen und all denen tun, mit denen Sie telefonisch verkehren. Da man sich heutzutage am Telefon oft automatische Aufzeichnungen anhören muss, überrascht es manchmal fast, wenn wir schließlich doch noch eine menschliche Stimme hören. Wenn Sie sich dann noch an deren Namen erinnern, kann eigentlich nichts mehr schief gehen. Denn damit können Sie sich bei einem Menschen, dessen Aufgabe es ist, gesichtslosen und genervten Kunden zu helfen, durchaus beliebt machen.

Gestehen Sie jedem, der Sie um Hilfe bittet, eine gewisse Zeitspanne zu. Auf diese Weise können Sie liebenswürdig sein und Ihr Leben retten. Denn andernfalls wird man Sie mit Ihrer Liebenswürdigkeit bei lebendigem Leibe verspeisen. Wenn ich schreibe, schalte ich gewöhnlich den Anrufbeantworter ein, aber manchmal vergesse ich es und hebe ganz automatisch ab. Wenn die Person am anderen Ende der Leitung ein Problem hat, sage ich ihr beispielsweise: »Ich kann momentan nur zehn Minuten für Sie erübrigen. Aber diese zehn Minuten stehe ich voll zu Ihrer Verfügung.« Und das tue ich dann auch. Und wenn die zehn

Minuten um sind, dann sind sie um. Und ich sage: »Mehr Zeit habe ich momentan nicht. Wenn es noch etwas zu besprechen gibt, dann hätte ich heute Abend zwischen halb acht und acht Zeit dafür.«

Seien Sie in guten wie in schlechten Zeiten für andere Menschen da. Wir alle haben eine Menge zu tun. Heutzutage kommt nur selten jemand auf einen »kurzen Schwatz« vorbei und vermutlich wären wir sauer, wenn es jemand täte. Dennoch ist ein liebenswürdiger Mensch sowohl in traurigen wie in glücklichen Zeiten für seine Freunde und Bekannten da. Es ist wichtig, bei Freudenfesten wie bei Beerdigungen präsent zu sein, eine Beförderung ebenso zu feiern wie eine Entlassung zu beklagen, einer verliebten Freundin genauso zu lauschen wie einer Freundin, die Liebeskummer hat. Und wenn Sie nicht persönlich anwesend sein können – schicken Sie Blumen, einen Brief oder eine Einladung zu einem baldigen Treffen. Notieren Sie sich auch für andere Menschen wichtige Daten in Ihrem Kalender, und halten Sie immer eine Auswahl an Karten vorrätig, damit stets eine passende dabei ist.

Tun Sie für einen entfernten Bekannten, was Sie auch für einen nahe stehenden Menschen tun würden. Ich verließ ein Geschäftsfrühstück etwas früher als geplant, weil ich einen Termin für eine Kernspin-Tomographie hatte. Die Vorstellung, in eine Röhre geschoben und durchleuchtet zu werden, war irgendwie beängstigend. »Gehen Sie alleine?«, fragte Elizabeth, meine Geschäftspartnerin. Ich hatte sie bis dahin höchstens dreimal getroffen; wir waren definitiv nicht mehr als entfernte Bekannte. Als sie aber hörte, dass ich diese Prozedur allein durchstehen wollte, rief sie spontan in ihrem Büro an, stellte ihren Terminplan um und begleitete mich. Die Untersuchungsergebnisse waren nicht allzu schlimm – ich hatte einen Bandscheibenvorfall als Folge eines Autounfalls – und ich hatte eine neue Freundin gewonnen, von der ich lernte, dass man einen Menschen nicht schon eine Ewigkeit kennen muss, um ihm in einer solchen Situation beizustehen.

Betrachten Sie die Dinge aus dem Blickwinkel des anderen. Wenn Ihr Baby zu schreien anfängt oder Sie eine Zigarette rauchen wollen oder ihr Handy klingelt, ziehen Sie sich zurück an einen Ort, wo Sie andere nicht stören. Seien Sie eine höfliche Autofahrerin: Parken Sie so, dass auch der Wagen hinter Ihnen nicht blockiert ist. Wenn nicht genügend Platz ist, sollten Sie in der nächsten Straße parken. Erzählen Sie keine beleidigenden Witze; erstens wissen Sie nie, wer zuhört, und zweitens fallen solche Witze auf den Erzähler zurück. Respektieren Sie die Hobbys und Interessen, Hoffnungen und Träume anderer Menschen, ob sie den Ihren ähneln oder nicht. Und wenn jemand über etwas, was Ihnen unbedeutend erscheint, sehr unglücklich ist, dann hören Sie trotzdem zu und fühlen Sie mit, so gut Sie eben können.

Bereiten Sie jemandem eine Überraschung. Eine meiner schönsten Kindheitserinnerungen verbindet sich mit einem Herbstnachmittag: Ich kam nach Hause und sah, dass meine Mutter eine »Halb-Geburtstagsparty« zur Feier meines sechseinhalbten Geburtstags vorbereitet hatte. Obwohl es weniger Geschenke und Trara als bei meinem richtigen Geburtstag gab, bedeutete mir diese Feier viel mehr, weil ich nicht damit gerechnet hatte. So etwas funktioniert auch bei Erwachsenen. Überraschen Sie jemanden mit einem kleinen Geschenk, einem besonderen Mittagessen, Theaterkarten, was immer der Person gefällt, was sie sich aber selbst nicht gönnen würde.

Interessieren Sie sich für Menschen. Jeder hat seine Geschichte. Und die meisten Leute haben sogar Dutzende davon. Wenn Sie sich für das Leben von anderen Menschen interessieren, geben Sie ihnen für eine Weile die Möglichkeit, im Mittelpunkt zu stehen – wo manche sich nur sehr selten befinden. Außerdem wird auch Ihre Welt größer, wenn Sie etwas über die Welt eines anderen erfahren.

Nehmen Sie die Liebenswürdigkeit anderer an. Manchmal fällt es uns schwer, uns zu bedanken und ein Geschenk oder ein Kompliment einfach anzunehmen. Tun Sie es – auch wenn Sie sich ein wenig unbehaglich dabei fühlen. Nach einer Weile werden Sie es wunderbar finden, weil Sie merken, dass es dabei gar nicht um ihr Ego geht. Liebenswürdigkeiten sind bloß eine Möglichkeit, in der Liebe Gestalt annehmen kann. Und genau darum geht es bei innerer Schönheit: um Liebe in ihren verschiedensten Ausprägungen. Verbreiten Sie Liebe und nehmen Sie die Liebe anderer an.

~

TEIL VII

Ernährung

33

Laden Sie Ihre Seele zum Essen ein

Speisen Sie mit Dankbarkeit. Und mit Mozart.

Sie haben sicher schon gehört, dass Essen »Leib und Seele zusammenhält«. Das ist ein heiliger Auftrag. Wir leben nicht vom Brot allein, sondern auch von der Atmosphäre, in der wir es brechen. Wenn wir uns ruhig und gelassen fühlen, können wir die Nährstoffe besser aufnehmen. Wenn wir angespannt, wütend oder müde sind, ist unser Körper nicht in der Lage, der Verdauung die nötige Energie zur Verfügung zu stellen.

Durch ein Gebet oder eine Minute der Stille können wir uns vor dem Essen in die richtige Stimmung versetzen. Wir gewinnen einen Augenblick, um zu entspannen, tief durchzuatmen und uns klarzumachen, wo wir im Verhältnis zum Weltganzen stehen. In einem Versuch waren geübte Yogis sogar fähig, aus einer Reihe von Speisen die auszuwählen, die zuvor den Segen des Gebets empfangen hatten. Auch ein Gebet vor der Essenszubereitung ist eine gute Übung, da Yogi-Lehren zufolge ein zentrierter, zufriedener Koch diese Qualitäten an die von ihm zubereiteten Speisen weitergibt.

Leider entwickelt sich das Kochen, sofern es nicht durch professionelle Küchenchefs geschieht, immer mehr zu einer aussterbenden Kunst. Manche Menschen haben nie Kochen gelernt, und andere, die es können, sind zu beschäftigt und wärmen nur noch Fertiges in der Mikrowelle auf. Falls Kochen ein Buch mit sieben Siegeln für Sie ist, besuchen Sie einen Anfängerkochkurs. Oder verlassen Sie ausgetretene Küchenpfade, indem Sie sich zu einem Kochkurs für Gourmets oder Vegetarier anmelden.

Wenn Sie zu beschäftigt sind, um Zeit und Sorgfalt in die Essenszubereitung zu investieren, gehen Sie in Restaurants, wo andere dies für Sie tun, oder bestellen Sie Ihr Essen ein paar Abende in der Woche bei einem guten Catering-Service. Wenn Sie jetzt einwenden, dass Sie sich das nicht leisten können, dann sollten Sie sich fragen: Weshalb widme ich einen so großen Teil meiner Zeit einem Beruf, in dem ich nicht mal so viel verdiene, dass ich davon ordentlich essen kann? Es ist wichtig, dass Sie – oder eine andere Person in Ihrem Haushalt – genug Zeit haben, um gesunde Mahlzeiten zuzubereiten, oder aber dass Sie mit Ihrer Arbeit genug verdienen, um jemand anderen für diese Dienstleistung zu bezahlen.

Und wenn dann ein herrliches Essen vor Ihnen steht – genießen Sie es. Vor kurzem war ich ganz entzückt, als mich ein Kellner beim Abräumen des Geschirrs nicht das übliche »Essen Sie noch?«, sondern »Genießen Sie noch?« fragte. Eine völlig andere Frage, die mich zum langsamen, genussvollen Speisen einlud – und das ist schließlich der erste Schritt zu einer Essweise, bei der sowohl der Körper als auch die Seele satt werden. Wir sind zu kostbar, um schnell irgendetwas runterzuschlingen. Wenn Sie keine Zeit für eine richtige Mahlzeit haben, dann begnügen Sie sich mit einer abgekürzten. Aber setzen Sie sich dabei hin. Sammeln Sie sich. Entspannen Sie sich. In Indien glaubt man, dass eiliges Essen Giftstoffe im Körper erzeugt und dass die äußeren Anzeichen des Alterns zum Großteil aus dieser Selbstvergiftung resultieren.

Also nehmen Sie sich etwas Zeit, auch wenn es nur fünfzehn Minuten fürs Frühstück, dreißig fürs Mittagessen und fünfundvierzig fürs Abendessen sind. Das sind eineinhalb Stunden pro Tag – nur 50 Prozent der Zeit, die die meisten Menschen vor dem Fernseher verbringen. Speisen Sie mit Dankbarkeit. Und mit Mozart. Freuen Sie sich auf ein Gaumenvergnügen, das Sie vielleicht schon vergessen hatten. Sie können sich darauf verlassen, dass sich Ihre Gewichtsprobleme verringern, wenn Sie Ihrem Körper geben, was er wirklich braucht. Der Heißhunger auf Süßes und Fettes wird mit dem Genuss gesunden Essens verschwinden.

Vermitteln Sie diese Einstellung auch Ihren Kindern. Sie haben Besseres verdient als in Plastik, Aluminium und Pappe verpacktes Junk-Food, auch wenn schlaue Werbeleute sie davon überzeugt haben, dass sie genau das wollen. Wir tun unseren Kindern nichts Gutes, wenn wir uns einbilden, dass sie außer McDonalds und nährstoffarmen Schnellgerichten und Süßkram nichts anderes mögen würden. Unsere Kinder können durchaus Dinge essen, die in Gärten und auf Bäumen wachsen und nie mit der Tiefkühltruhe Bekanntschaft gemacht haben. Auch eine Mahlzeit in einem ordentlichen Restaurant mit Stoffservietten und ohne Klettergerüst im Freien stehen sie durch.

Indem wir wertvolle Nahrungsmittel auswählen und sie auf zivilisierte Weise auf den Tisch bringen, sorgen wir sowohl für uns als auch für unsere Lieben. Was nicht heißen muss, dass es nicht auch Zeiten für Faschingskrapfen, Pommes und Pizza gäbe. Im Alltag jedoch sollte man sich bei Nahrungsmitteln um die beste Qualität bemühen, die man kriegen kann. Zum Beispiel:

- *Gutes Brot.* Das ist Brot, das nicht von einer Maschine, sondern von einem Menschen geknetet wurde, und das Sie selbst in Scheiben schneiden oder brechen. Vollkornbrot ist vom ernährungsphysiologischen Standpunkt betrachtet überlegen, aber auch selbst gebackenes Weißbrot ist nahrhafter als Fabrikware. Servieren Sie es wie die Italiener, ofenfrisch und mit kalt gepresstem Olivenöl.
- *Frisches Gemüse.* Kaufen Sie frisches, auf dem Acker angebautes Blattgemüse. Und geben Sie ab und zu ein paar essbare Blumen hinzu. Einen Salat mit Veilchen, Kapuzinerkresse oder Gänseblümchen wird niemand verschmähen.
- *Stoffservietten.* Stoffservietten bringen Kultur und Schön-

heit auf den Tisch. Geben Sie jedem Familienmitglied eine eigene Serviette mit einem eigenen Serviettenring; auf diese Weise kann man sie mehr als einmal benutzen.

- ❧ *Blumen als Tischschmuck.* Es muss nichts Aufwändiges sein: Tulpen und Narzissen sind dekorativ und preisgünstig und wenn Sie das Wasser jeden Tag wechseln, halten sie sich eine Woche.
- ❧ *Weingläser.* Weingläser sind heute so billig, dass ruhig einmal eins zu Bruch gehen darf. Und man muss sie nicht nur für Wein reservieren. Benutzen Sie sie auch für Mineralwasser, Cidre und Orangensaft. Was immer Sie trinken, aus einem Pokal mit Stiel schmeckt es einfach besser.
- ❧ *Die Kunst der Konversation.* Bei Streit und Zwietracht am Esstisch können Sie weder ordentlich verdauen noch Ihre Mahlzeit genießen. Heben Sie Ihre Diskussionen (schwierige Gespräche über die Arbeit, Finanzen, wichtige Entscheidungen und Ähnliches) für andere Zeiten auf. Zum Essen eignen sich Gespräche über die Tagesereignisse, über Filme und Theaterstücke sowie über geplante Vorhaben, auf die Sie sich freuen.

❧ *Sich zum Essen umziehen.* Ich weiß, dass dies angesichts unseres heutigen Zeitmangels fast lächerlich klingt. Aber ich schlage ja auch keine große Abendgarderobe vor, sondern lediglich etwas Frisches und anderes als das, was man schon den ganzen Tag getragen hat. Man hat mir einmal gesagt: »Kleide dich stets dem Anlass entsprechend, um dadurch die der Sache wie den Personen gebührende Achtung zum Ausdruck zu bringen.« Die Ernährung unseres Körpers und unserer Seele und der gesellige Kontakt mit den Menschen, die unser Leben lebenswert machen, sollten diese Achtung – und eine saubere Bluse – allemal wert sein.

34.

Speisen Sie wie ein Yogi

*Nur einfache, naturbelassene Nahrungsmittel garantieren jenes
gesunde, strahlende Aussehen mit schimmernder Haut, einem
kräftigen, geschmeidigen Körper und einem starken Immunsystem.*

Bis zu einem gewissen Grad ist unsere körperliche Konstitution durch unsere Gene vorprogrammiert. Den Rest bestimmen wir selbst, und zwar zum Großteil durch die von uns verzehrte Nahrung. Fachleute und selbst ernannte Experten debattieren endlos darüber, wie wir uns ernähren sollten, und Diäten wechseln schneller als Rocklängen oder Haarmoden. Die Yoga-Lehre jedoch, die viel zum Leben des Leibes im Einklang mit den spirituellen Gesetzen zu sagen hat, hat an ihren grundlegenden Ernährungsempfehlungen seit mehr als zweitausend Jahren nichts geändert. Sie lassen sich einfach zusammenfassen: Nimm reine Nahrungsmittel und genieße davon in Maßen.

Die Yogis kategorisieren die Nahrungsmittel, wie auch alles andere, entsprechend der so genannten *gunas*, den grundlegenden Charakteristika des Geschaffenen. Die drei *gunas* sind *tamasic*, die Eigenschaft der Schwere; *rajasic*, die Eigenschaft der Bewegung; und *sattvic*, die Eigenschaft des Lichts.

Tamasic-Nahrungsmittel werden als »leblos« betrachtet. Unter diese Kategorie fällt alles, was man als schal und geschmacklos bezeichnen könnte; Essensreste, sowie alles, was schon längere Zeit im Tiefkühlschrank lagert; ebenso alter Käse, Alkohol, Frittiertes und alle stark raffinierten und mit chemischen Zusätzen versehenen Lebensmittel. Zu viele von diesen Bestandteilen, so heißt es, führen zu Lethargie und Erschöpfung und mindern unsere Empfänglichkeit für Schönheit und Tugend. *Rajasic*-Lebensmittel – Fleisch, Eier, raffinierter Zucker und gesüßte Getränke, Stimulanzien wie Kaffee, sowie scharf gewürzte und salzige Speisen – bringen unseren Körper auf Hochtouren. Wenn wir diese im Übermaß konsumieren, erzeugen sie zusätzlichen Stress und machen uns nervös und angespannt.

Ausgeglichen werden beide Extreme durch die einfachen, natürlichen *sattvic*-Nahrungsmittel wie frisches Obst, rohes oder leicht gedünstetes Gemüse, Vollkornbrot und Vollwertprodukte, Hülsenfrüchte, Nüsse, Honig und die Milch gesunder Kühe. Man sagt, dass der vorwiegende Verzehr von *sattvic*-Lebensmitteln heilend und beruhigend wirkt, den Geist schärft, das spirituelle Wachstum unterstützt und die Ausscheidungsorgane gesund und funktionstüchtig erhält. Sie garantieren jenes strahlende Aussehen mit schimmernder Haut, einem kräftigen, geschmeidigen Körper und einem starken Immunsystem. Im alten Indien gab es auch eine Bezeichnung für dieses Strahlen, man nannte es *ojas*, was man als körperlichen Ausdruck von Seligkeit definieren kann: ein latentes, dauerhaftes Glück, das auch in schwierigen Zeiten anhält. Als besonders gute *ojas*-Produzenten gelten:

↝ *Gerste:* Gerstenkörner sind im Bioladen und im Reformhaus erhältlich; man kann sie als Frühstücksbrei zubereiten, in Suppen oder als Beilage statt Reis oder Nudeln verwenden;

↝ *Basmatireis:* Eine aromatische, nussig schmeckende Reisart, die es sowohl als weißen als auch als Naturreis in vielen Asia- und Naturkostläden und allen gut sortierten Supermärkten zu kaufen gibt.

✒ *Mungbohnen:* Die in der chinesischen Küche verwendeten Sprossen stammen meist von Mungbohnen; schnell kochender Mung-Dhal, das heißt halbierte Mungbohnen, sind auch in indischen oder asiatischen Läden erhältlich.

✒ *Sesamsamen:* Streuen Sie einen Esslöffel Sesam über Speiseeis oder Salat; probieren Sie Tahini (Sesampaste) und Halva (gepresste Sesamsüßigkeit), die es in türkischen, asiatischen und Feinkostgeschäften zu kaufen gibt.

✒ *Mandeln:* Es gibt sie bereits blanchiert (meist sind es dann Stifte oder Blättchen) oder noch mit Haut. Dann gießen Sie kochendes Wasser über die Mandeln, lassen sie ein paar Minuten ziehen und entfernen die Häute;

✒ *Frisches Obst, vor allem Datteln, Feigen und Orangen:* Kaufen Sie so oft wie möglich organisch angebautes Obst. Trauben, Pfirsiche, Äpfel, Birnen und Beeren werden in der Regel stark mit Schädlingsbekämpfungsmitteln behandelt und sollten deshalb am besten aus organischem Anbau stammen. Wenn Sie Trockenobst wie

Feigen kaufen, dann nehmen Sie ungeschwefelte Sorten. Da Trockenfrüchte sehr süß sind, kann man sie vor dem Verzehr einige Stunden in Wasser einweichen.

Die richtige Lebensmittelauswahl ist schon die Hälfte der Ernährungs-Philosophie eines Yogi. Die andere Hälfte besteht im Maßhalten. In einem überlieferten Kommentar heißt es: »Sogar Nektar wird zu Gift, wenn man zu viel davon genießt.« Die moderne Wissenschaft pflichtet dem bei und stellt fest, dass Menschen, die bis jenseits der Neunzig geistig und körperlich gesund bleiben, ihr Leben lang mäßige Esser waren. Mäßigung ist im Grunde das Gegenteil von Diäthalten, also des erzwungenen Verzichts. Es bedeutet, dass man Nahrungsmittel auswählt, die so köstlich, so appetitlich in Aussehen und Duft und so befriedigend und nahrhaft für die Trillionen unserer Körperzellen sind, dass das Bedürfnis, sich zu überessen gar nicht erst aufkommt.

Ein anderes Mittel, sich gegen das Überessen zu wappnen, besteht darin, seinem Körper genügend Verdauungszeit zwischen den Mahlzeiten zu geben. Ständiges Essen verursacht Gewichtszunahme und einen hohen Energie-verlust. Unsere Verdauung ist ein energieaufwendiger Prozess. Weitere Nahrung auf noch Unverdautes zu häu-fen, behindert diesen Prozess und macht uns müde. Zwar leiden manche Menschen unter Erkrankungen, die häufi-ges Essen erfordern, wir anderen jedoch täten besser dar-an, den Yogi-Pfad einzuschlagen und uns an drei Mahl-zeiten pro Tag zu halten. »Und gar nichts zwischen-durch?«, fragte ich meine erste Yoga-Lehrerin ein wenig erschrocken, als sie mir diesen Vorschlag machte. »Leben Sie zwischendurch«, war ihre Antwort.

35.

Steigen Sie um
auf eine sanftere Ernährung

*Nehmen Sie Lebensmittel, die so schön sind,
wie Sie es gerne wären.*

Tiere sind erstaunliche Wesen. Sie scheinen vollkommen im Augenblick zu leben und bedingungslos zu lieben. Sie wirken beruhigend auf uns, und Statistiken zeigen, dass Menschen, die Tiere haben, länger leben und gesünder sind. Menschen, die ihre Hunde und Katzen lieben, wissen, dass ihre Gefährten denken, fühlen und sich erinnern können. Woraus man schließen kann, dass auch andere Säugetiere auf ähnliche Weise begabt sind. Wenn ein Mensch davon überzeugt ist, nimmt er die Worte des alten indischen Weisen Mahavira »Jeder Kreatur ist das eigene Leben teuer« ernst und fühlt sich deshalb vielleicht beim Verzehr von Fleisch zunehmend unbehaglich.

Für manche Frauen ist der Verzicht auf Fleisch ein Schritt auf ihrem Weg zum vollkommenen Ausdruck ihrer inneren Schönheit. Es ist jedoch kein notwendiger Schritt. Wie bei allem anderen geht es vor allem darum, seiner inneren Stimme zu folgen. Falls Sie also für die vegetarische Ernährung empfänglich sind, kann die Hinwendung zu dieser Lebensweise Ihnen helfen, schöner zu werden an Leib und Seele. Sichtbar wird diese Empfänglichkeit vielleicht an Ihrer besonderen Tierliebe oder daran, dass Ihnen die Vorstellung, Tiere könnten leiden, unerträglich ist. Vielleicht haben Sie ja auch schon mal daran gedacht, dass Sie gern eines Tages kein Fleisch mehr essen würden.

Falls Sie in diese Richtung neigen, steigen Sie doch zunächst einfach auf eine sanftere Ernährung um. Sie können es auf einen Schlag tun oder nach und nach, indem Sie sich immer häufiger für fleischlose Gerichte entscheiden, bis Sie eines Tages feststellen, dass Sie sich ganz allmählich und mühelos zur Vegetarierin entwickelt haben. Ernähren Sie sich aus der großen Auswahl pflanzlicher Lebensmittel. Die Grundnahrungsmittel einer gesunden vegetarischen Küche sind Vollkornprodukte, Gemüse,

Obst, Hülsenfrüchte und Nüsse. Manche Vegetarier essen Eier und Molkereiprodukte; andere nicht. Beides ist gesund. Besorgen Sie sich Bücher zum Thema, und achten Sie vor allem auf Ihren Körper. Er weiß, was er braucht, und wird es Ihnen sagen, sofern Sie auf ihn hören. Ein Vitamin- und Mineralstoffpräparat ist sicherlich nie verkehrt, und als Vegetarierin benötigen Sie auf jeden Fall eine zusätzliche Dosis an Vitamin B12. Halten Sie sich ansonsten an den Speiseplan der Natur, dann sind Sie gut versorgt.

Statistisch betrachtet sind Vegetarier schlanker und gesünder als der Rest der Bevölkerung. Sie leben länger und leiden seltener unter Herzerkrankungen und vielen Krebsarten. Frisch gebackene Vegetarier nehmen oft ab, ohne auch nur einen Gedanken daran zu verschwenden. Weitere positive Nebenwirkungen sind eine reinere Haut, tieferer Schlaf, gesteigerte Energie und eine geringere Neigung zu Erkältungen. Man vermutet, dass dies vom geringeren Fett- und Cholesterinverzehr der Vegetarier herrührt, sowie von den höheren Mengen an Vitaminen, Mineralen und Phytochemikalien aus Obst und Gemüse, die sie aufnehmen. Ich glaube allerdings auch, dass man die Vitalität der Vegetarier darauf zurückführen kann, dass sie die Welt zu einem freundlicheren Ort machen und mit Gesundheit und Schönheit den Lohn dafür ernten.

Wer also sollte es mit der vegetarischen Ernährung probieren? Sie – falls die Vorstellung Sie wirklich anspricht. Hören Sie in sich hinein, und ernähren Sie sich dann auf eine Art und Weise, die Ihrer Seele gemäß ist. Wählen Sie Lebensmittel, die so schön sind, wie Sie es gerne wären: leuchtend grünes Grünzeug, farbenprächtige Beeren und volles Korn, das noch nicht seines Keims und der Kleie beraubt wurde. Wenn Sie zur fleischlosen Küche tendieren, investieren Sie ein paar Euro in ein vegetarisches Kochbuch mit einem Kapitel über die Grundlagen dieser Ernährung und eignen Sie sich diese Grundlagen an. Experimentieren Sie mit neuen Gerichten. Oder gehen Sie in Restaurants, wo Fleisch nicht den Hauptbestandteil sämtlicher Mahlzeiten darstellt. Neben Naturkost-Imbissen bieten fast alle ausländischen Restaurants – ob Asiaten, Türken, Italiener, Griechen, Araber und Inder – köstliche Gerichte an, die vor allem aus Gemüse, Getreide, Hülsenfrüchten und der verlockenden Vielfalt der Gewürze aus allen Teilen der Welt bestehen.

Für welche Art der Ernährung Sie sich auch entscheiden, treffen Sie Ihre Wahl bewusst. Wenn Sie Fleisch essen, kaufen Sie es bei einem Biometzger, Biobauern oder in einem Naturkostladen. Dieses Fleisch ist auf jeden Fall gesünder und wird mit größerer Wahrscheinlichkeit von Tieren stammen, die bis zu ihrem Tod wirklich gelebt und nicht nur als Produktionseinheit existiert haben. Wählen Sie auch Gemüse und Früchte, die ein gutes Leben hinter sich haben.

Führen Sie Ihre Reformen mit Charme durch und vergessen Sie dabei Ihre Umgebung nicht. Niemand schätzt die missionarischen Eiferer einer neuen Ernährungslehre. Laden Sie lieber Ihre Freunde zu einem schönen Essen ein. Chili sin Carne, Vegetarische Pizza, Egerlinge Stroganoff oder eine Suppe aus weißen Bohnen und Tomaten mit selbst gebackenem Brot und frischem Salat sind leicht zuzubereiten und stellen komplette, köstliche Mahlzeiten dar. Niemand wird Sie fragen, wo denn das Fleisch bleibe.

Wenn aber jemand bemerkt, wie strahlend Ihr Teint ist und dass Sie abgenommen haben, dann erzählen Sie ihm, dass Sie mehr Gemüse essen. Den meisten Leuten genügt diese Auskunft. Wer mehr wissen will, wird weiterfragen.

Und falls Sie ein Tischgebet sprechen möchten, eignet sich dieses aus den uralten Veden besonders gut: »Mögen alle Wesen vom Leiden befreit werden. Möge die Welt von Frieden und Freude erfüllt sein.«

36.

Wässern Sie sich regelmäßig

Austrocknung macht uns schlaff
wie einen vernachlässigten Philodendron.

Wie wichtig das Trinken ist, ist mir erst am Beispiel meiner zwanzig Jahre alten Katze Henrietta klar geworden. In ihrem schon vorgerückten Alter war das grauweiße Fell stumpf und die grünen Augen trüb geworden. Sie verbrachte ihre Tage in einem Polstersessel, den sie zu ihrem Stammplatz erkoren hatte. Zumindest tat sie es bis zu jenem Tag, an dem der Tierarzt ihr regelmäßige Flüssigkeitsgaben verordnete. Im Handumdrehen wirkte sie gesünder und bewegte sich wieder mit größerer Geschmeidigkeit. »Was ist denn mit Henrie passiert?«, fragten meine Freunde. »Sie sieht ja wieder aus wie ein junges Kätzchen.« Ich verriet ihnen, dass es an der Flüssigkeit liege – und sofort baten mich alle um ein Glas Wasser.

Unser Körper besteht zu etwa siebzig Prozent aus Wasser, und wir müssen täglich mindestens eineinhalb Liter zu uns nehmen. Wenn es heiß ist, wenn wir Sport treiben oder uns in trockener Luft aufhalten, sogar noch mehr. Leider verspüren wir nicht jedes Mal, wenn wir etwas zu trinken brauchen, auch Durst. Die meisten von uns haben ihren Wasserbedarf so lange unterdrückt, dass unser Durstmechanismus nicht mehr richtig funktioniert. Wenn Sie sich nach und nach auf sechs bis acht Gläser Wasser pro Tag hochgetrunken haben, wird Ihr Durstreflex interessanterweise wieder verlässlicher werden.

Es genügt allerdings nicht, einfach irgendwas zu trinken. Sie dürfen neben Wasser auch Kräutertee, frisch gepressten Gemüsesaft und verdünnten Fruchtsaft auf Ihr Flüssigkeitskonto anrechnen – Kaffee, Tee, Cola und Alkohol trocknen den Körper jedoch aus.

Wassermangel ist für unseren Körper ein ebenso großer Stressfaktor wie für unsere Zimmerpflanzen. Austrocknung macht uns so schlaff wie einen vernachlässigten Philodendron. Wir brauchen Wasser, um unsere Flüssigkeitsbalance zu erhalten, für die Gehirn- und Nierenfunktionen sowie zum Abtransport von Schlackenstoffen. Für die Reinigung des Körpers ist Wasser also unerlässlich – auch im spirituellen Sinn. Reichlich Wasser zu trinken ist außerdem notwendig um die Haut, die ständig Feuchtigkeit verliert, weich und rein zu erhalten. Ohne ausreichende Feuchtigkeit wird die Talg-Wasser-Balance der Haut gestört, was zu Ausschlägen führen kann. Ohne Wasser werden wir faltig und schrumpelig wie Rosinen.

Darüber hinaus ist Wasser ein ungefährlicher, billiger und wirksamer Appetitzügler. Oft haben wir, wenn wir uns hungrig fühlen, im Grunde nur Durst. Das liegt daran, dass unser Gehirn sowohl Wasser als auch Zucker benötigt, und wir die Signale, die es uns schickt, leicht miteinander verwechseln. Wenn Sie sich das nächste Mal hungrig fühlen, obwohl Sie erst vor kurzem gegessen haben, dann trinken Sie lieber etwas. Wenn Ihr Körper nach Wasser verlangt hat, ist sein Verlangen gestillt. Wenn nicht, können Sie dann immer noch etwas essen.

Unsere Gesellschaft hat ein derartiges Maß an Künstlichkeit erreicht, dass es nicht ungewöhnlich ist, jemanden sagen zu hören: »Ich mag Wasser einfach nicht.« Das ist so, als würde man sagen: »Ich mag Luft eben nicht so besonders.« Falls es Ihnen zu langweilig ist, Wasser in den notwendigen Mengen zu trinken, können Sie auch Zitronenwasser zubereiten, indem Sie den Saft von ein oder zwei frisch gepressten Zitronen zu einem Liter Wasser geben. Stellen Sie einen Krug auf Ihren Schreibtisch und einen zweiten in den Kühlschrank.

Man kann sich auch angewöhnen, immer und überall eine Flasche Wasser bei sich zu tragen. Wenn Sie es schon dabei haben, werden Sie es auch trinken. Beginnen Sie mit Halbliterflaschen; die sind klein genug, um sie austrinken zu können. Und man kann sie mit zu Hause gefiltertem Wasser auffüllen. »Designer-Wasser« mag zwar ein bisschen albern sein, doch wie meine Tochter schon mit dreizehn bemerkte: »Wasser schmeckt einfach besser, wenn es aus der richtigen Flasche kommt.«

Vielleicht haben Sie auch Lust, dem Rat von Ayurveda-Ärzten zu folgen und den ganzen Tag über warmes Wasser mit oder ohne Zitrone zu schlürfen. Vom Hinunterschütten großer Mengen während der Mahlzeiten hingegen ist abzuraten, da es die Verdauungssäfte verdünnt. Schützen Sie sich auch vor dem Austrocknen, indem Sie viel Salat und saftige Früchte verzehren, die einen hohen Wasseranteil haben. Achten Sie auch darauf, dass die Luft in Ihrer Wohnung und in Ihrem Büro feucht genug ist. Die Feuchtigkeit lässt sich mit einem so genannten Hygrometer, das es in den Elektroabteilungen der Kaufhäuser für wenig Geld zu kaufen gibt, messen und sollte zwischen 30 und 50 Prozent betragen. Falls die Luft in Ihrer Umgebung zu trocken ist – vor allem im Winter muss man damit rechnen –, sollten Sie sich einen Luftbefeuchter (wenigstens für den Schlafraum) anschaffen. Mit ihm können Sie im Schlaf Ihre Haut verschönern.

Denken Sie an die positive Wirkung von Dampf und Tau. Tragen Sie nach dem Duschen oder Baden Ihre Feuchtigkeitscreme vor dem Abtrocknen auf, damit die Creme die Feuchtigkeit auf der Haut einschließen kann. Gehen Sie lieber ins Dampfbad als in die Sauna. Besprühen Sie Ihr Gesicht in trockener Umgebung stündlich mit Thermalwasser. Und gehen Sie, wann immer Sie die Gelegenheit haben, im Regen spazieren. Kurz nachdem ich William geheiratet hatte, rannte ich mal hinaus, um den Herbstregen auf der Haut zu spüren. Als ich völlig durchweicht zurückkam, reichte William mir ein Handtuch und meinte: »Verstehen werde ich dich wohl nie ganz, aber ich werde dich immer lieben.«

37.

Atmen Sie tief durch

Meeresbrise und Bergwind sind die reinsten Lebenselixiere,
aber schon jedes einigermaßen frische Lüftchen
ist dem stehenden Zimmermief vorzuziehen.

Luft ist unsere erste Nahrung und nichts beeinflusst Körper, Geist und Seele so unmittelbar, nachhaltig und tief greifend wie das Atmen. Physiologisch betrachtet hängt unser Stoffwechsel vom Sauerstoff ab. Ohne eine ausreichende Sauerstoffmenge könnten unsere Zellen nicht angemessen funktionieren. Sie können sich noch so vorbildlich ernähren – ohne genug Sauerstoff sind Sie nicht in der Lage, die Nährstoffe aufzunehmen. Darüber hinaus ermöglicht das Atmen dem Körper die Ausscheidung von Stoffwechselschlacken, vor allem von Kohlendioxid. Sauerstoff ist der beste Entgifter.

Auch unsere geistigen Funktionen sind vom Sauerstoff

abhängig. Im Verhältnis zu seiner Größe benötigt unser Gehirn mehr Sauerstoff als jedes andere Organ. Deswegen ist die Tiefenatmung auch eine der besten Abwehrmethoden gegen Stress. Der Grund, warum man sich nach aerobem (Sauerstoff verbrauchendem) Training so gut fühlt, ist, dass das Gehirn dabei eine große Extraportion seiner Lieblingssubstanz bekommt.

Der Atem ist die Brücke zwischen unserem stofflichen und unserem spirituellen Sein. Die beruhigende Wirkung langsamen, stetigen Atmens bildet einen integralen Bestandteil meditativer Praktiken. Vor Tausenden von Jahren entwickelten indische Weise die Methoden der Atem-Arbeit, die sie als *Pranayana* bezeichneten, wobei *prana* die den Körper durchströmende Lebensenergie meint. Sie stellten fest, dass die Beherrschung des *prana* belebende und heilende Wirkungen zeitigte. Auch die Chinesen hatten dies entdeckt und nannten die unsichtbare Energie *Chi*. Dieses Chi versuchen die Akupunkteure durch ihre Behandlungen positiv zu beeinflussen und die Kampfsportler in ihren diversen Disziplinen zu beherrschen.

Aus all diesen Gründen sind Sie es sich schuldig, nur die beste Luft zu atmen, die Sie aufschnappen können.

Meeresbrise und Bergwind sind die reinsten Lebenselixiere, aber schon jedes einigermaßen frische Lüftchen ist dem stehenden Zimmermief vorzuziehen. Gehen Sie also nach draußen, oder reißen Sie wenigstens Ihr Fenster auf. Ja, Industrie und Verkehr verpesten die Luft, aber Frischluft ist fast immer noch sauberer als das, was wir in geschlossenen Räumen einatmen, in denen wir den Großteil unseres Lebens verbringen. Machen Sie sich deshalb so oft wie möglich Luft:

Gehen Sie in die Natur. Gehen Sie in den Wald, in die Berge oder an die Küste. Oder zumindest in einen Park oder an irgendeinen Ort, wo es mehr Bäume als Autos gibt.

Reinigen Sie Ihre Raumluft. Zimmerpflanzen sind natürliche Luftreiniger. Efeu, Farne, Aloe Vera, Chrysanthemen und Grünlilien sind besonders fleißige Umwandler von Giftstoffen in reine Luft, aber auch alle anderen Pflanzen sind hilfreich. Falls Sie unter Allergien leiden, wäre die Investition in einen tragbaren Luftfilter, zumindest fürs Schlafzimmer, sicher angebracht.

Sagen Sie dem Staub den Kampf an. Sie haben bessere Atemluft (und auch Haut und Haare bleiben länger rein), wenn Sie in der Wohnung barfuß laufen; durch Schuhe werden sehr viel Schmutz und viele Giftstoffe, die dann in die Luft gelangen, ins Haus getragen. Als Alternative können Sie auch große Fußabstreifer vor alle Eingänge legen, und zwar der Länge nach, sodass sie auch bei Besuchern, die ihre Schuhe nicht abputzen, ihren Zweck erfüllen.

Verwenden Sie natürliche Putzmittel. Mit den Haushaltsreinigern, die die meisten von uns für notwendig halten, verschmutzen wir unsere nächste Umgebung noch mehr. Mildere Reinigungsmittel finden Sie in Bioläden und -supermärkten; bestimmte Marken sind auch schon in gewöhnlichen Drogeriemärkten erhältlich. Sie reinigen genauso gut wie die herkömmlichen und Ihre Lungen werden es Ihnen danken. Vieles lässt sich auch mit Natron (leicht scheuernd), destilliertem Essig (desinfizierend) und Geschirrspülmittel (schmutzlösend) sauber kriegen.

Wenn Sie die Luft schon verschmutzen müssen, dann verdünnen Sie den Schmutz wenigstens. Öffnen Sie die Fenster, wenn Sie ein starkes Reinigungsmittel oder Farbe verwenden, auch dann, wenn Sie Nagellack auftragen. Die von außen hereinströmende frische Luft vermindert die Menge der eingeatmeten Giftstoffe. Wo immer Sie sich befinden, gilt: Wenn Sie von eingeatmeten Dämpfen Kopfschmerzen bekommen, signalisiert Ihnen Ihr Körper damit: »Sieh zu, dass du hier wegkommst.«

Und achten Sie immer wieder mal, wenn Sie gerade daran denken, auf Ihre Atmung. Legen Sie eine Pause ein, wenn Sie gestresst und angespannt sind, und üben Sie die in Kapitel 17 *(Sprechen Sie mit Ihrer wahren Stimme)* beschriebene dreiteilige Atmung. Schon nach drei langsamen tiefen Atemzügen werden Sie sich ruhiger, zentrierter und gefasster fühlen als drei Atemzüge zuvor. Dabei dürfen Sie ruhig auch den Kopf einschalten. Stellen Sie sich vor, dass Sie Ruhe, Glück oder Mut einatmen – was immer Sie in diesem Augenblick brauchen – und Sorgen, Stress oder Angst ausatmen. Dies ist zwar kein Allheilmittel, aber eine gute Methode, um unsere Stimmung zu heben oder unsere Haltung zu verändern. Und mehr ist oft gar nicht nötig.

TEIL VIII

~

Balsam für die Seele

38.

Engagieren Sie sich

*Schicksal und Temperament bestimmen
die Größe Ihrer Lebensbühne; über die Qualität
der Aufführung entscheiden Sie.*

Frauen, die sich über die Masse erheben, orientieren sich an höheren Maßstäben, als Durchschnittsmenschen es tun; ihr Leben gilt nicht nur der eigenen Person, sondern sie investieren es in etwas Größeres. Sich engagieren, sich einer Sache widmen, weihen, hingeben – all diese Begriffe beschreiben einen auf Höheres gerichteten Lebensstil. Diese Hingabe kann sich auf das Göttliche – wie immer Sie dieses verstehen – oder auf ein spirituelles oder philosophisches Ideal beziehen. Es kann auch eine Kunstform, ein Lebenswerk, ein humanitäres Projekt oder Ihre ganz eigene Mischung verschiedener Bestrebungen sein. Das Entscheidende dabei ist, dass man sich mit etwas Größerem als seinen persönlichen Sorgen beschäftigt und dadurch seine alltäglichen Aufgaben mit größerer Energie, Engagement und Zielstrebigkeit angeht.

Nur wer sich engagiert, kann die Welt oder zumindest einen Teil der Welt verändern. In einer Welt, in der es nur 25-Watt-Birnen gibt, kann man sein Licht nicht so großartig erstrahlen lassen. Sie können aber die Kraft Ihres inneren Lichts für eine Sache nutzen, an die Sie glauben, um eine Veränderung zum Besseren herbeizuführen – nicht nur bei sich, sondern in ihrer gesamten Umwelt. Manche Menschen sind zu großen Taten berufen, andere zu großen Anstrengungen in kleinerem Rahmen. Schicksal und Temperament bestimmen die Größe Ihrer Lebensbühne; über die Qualität der Aufführung entscheiden Sie.

Der schiere Akt der Hingabe hebt Sie bereits über Ihren Ausgangspunkt hinaus. Emerson schrieb, dass es drei Arten von Menschen gebe. Die erste Gruppe sind die Pragmatiker: Sie kümmern sich um die Gesundheit und die finanzielle Sicherheit der eigenen Person und ihrer Angehörigen. Die nächste Gruppe definierte er aufgrund von ästhetischen Kriterien; sie widmen sich, ob als Aktive oder Förderer, der Kunst und der Wissenschaft. Diejenigen in der dritten Gruppe aber, so Emerson, besitzen eine spirituelle Wahrnehmung. Sie »leben über die Schönheit des Symbols hinaus die Schönheit des Bedeuteten oder Signifikats«. Sobald man sich einmal in dieser Kategorie befindet, kann man die Freuden aller drei genießen. Nichts hebt einen so gewiss und rasch von Stufe eins auf Stufe zwei oder drei wie die Hingabe an ein Ideal.

Zum Glück müssen Sie nicht Ihr ganzes Leben auf einmal weihen. Sogar Menschen, die sich einem Orden anschließen, legen immer nur ein Gelübde auf einmal ab. Für uns Übrige reicht es, wenn wir uns zunächst im Heute engagieren und uns dann dem Morgen widmen. Eine gute Übung besteht darin, sich als Erstes nach dem Aufwachen daran zu erinnern, dass Sie diesen Tag einem höheren Zweck widmen wollen. Erst dann beginnen Sie mit dem faszinierenden Projekt, vierundzwanzig Stunden auf diesem Planeten zu verbringen. Leben Sie in dem Bewusstsein, dass dies nicht bloß ein Tag in einer langen Reihe, sondern vielmehr ein brandneuer Tag, ein neues Wunder ist. Alles hängt davon ab, wie Sie es betrachten.

Ich hatte einmal eine Freundin, die jeden Morgen ihr Leben ihrer Sache weihte. Nachdem sie dies eine Zeit lang getan hatte, fasste sie ihre Erfahrung zusammen: »Zwar gelingt mir nicht immer das Beste, aber ich bemühe mich immer wieder aufs Neue darum.« Der Wunsch, unser Bestes, also all das, was wir aus unseren Talenten und unserer Intelligenz machen, zum Ausdruck zu bringen, bewirkt, dass es sich auch tatsächlich zeigt.

Das Streben nach dem Höchsten und Besten zahlt sich auf vielerlei Weise aus: Es verleiht uns Stärke, Schutz und eröffnet neue Chancen. Und manchmal bekommen Sie Unterstützung von einer Seite, mit der Sie nicht gerechnet hatten. Vielleicht sind Sie immer stolz darauf gewesen, auf eigenen Füßen zu stehen. Auf diesen Füßen stehen Sie immer noch, aber wenn Sie Ihr Leben einer Sache weihen, dann kriegen Sie obendrein auch noch Flügel.

39.

Vertrauen Sie auf die Fügung

Vertrauen bedeutet nicht, dass man sich dem Fatalismus ergibt oder sich tot stellt. Es heißt, sein Leben in der Überzeugung zu führen, dass mehr dahinter steckt, als uns der erste Blick verrät.

Haben Sie auch schon mal erlebt, dass Ihnen ein Buch mit einer für Sie bestimmten Botschaft geradezu aus dem Bibliotheks- oder Buchhandlungsregal entgegenfiel? Mir passierte es mit dem winzigen Bändchen *Trust Yourself to Life* von Clara Codd. Bis zu dem Augenblick, in dem ich es sah, hatte ich nicht gewusst, wie dringend ich diese Botschaft brauchte: Sich dem Leben anvertrauen! Ich glaube, dass ich, als ich den Titel las, zum ersten Mal seit Wochen tief ausatmete. Es ist völlig in Ordnung – bestätigte er mir –, dass ich nicht weiß, was als Nächstes auf mich zukommt. Unsicherheit muss nicht schrecklich sein und die meisten Tage sind nicht weiter tragisch.

Vertrauen fällt leichter, wenn man an eine Welt glaubt, in der das Gute das Böse überwiegt oder das Gute überhaupt die einzige Kraft darstellt und das Böse nur ein Mangel an Gutem ist, so wie Dunkelheit ein Mangel an Licht. Das kann für Menschen, die große Qualen erlitten haben oder empfindsam genug sind, den Schmerz anderer mitzufühlen, schwierig sein. Es gibt viele Belege dafür, dass die Erde kein Paradies und wir Menschen keine Engel sind. Mit Sicherheit wissen wir nur, dass es sich tatsächlich so verhält. Manchmal fügen wir uns das Leid – bewusst oder unbewusst – selbst zu. Ein andermal kommt es überraschend über uns und erscheint uns vollkommen sinnlos. Vertrauen heißt, daran zu glauben, dass noch etwas anderes, Unergründliches am Wirken ist. Das bedeutet nicht, dass man sich dem Fatalismus ergibt oder sich tot stellt. Es heißt, sein Leben in der Überzeugung zu führen, dass mehr dahinter steckt, als der erste Blick verrät.

Die Entwicklung von Vertrauen, Zuversicht oder Glauben lässt sich nicht per Willensakt betreiben. Willentlich schaffen wir es in der Regel ja nicht einmal, unseren Schokolodenkonsum einzuschränken – um wie viel weniger dann erst, unser Leben in die Obhut einer unsichtbaren

Macht zu stellen, von deren Existenz man nicht einmal überzeugt ist. Eines jedoch kann man tun, auch wenn es einem ziemlich aussichtslos erscheint: Die Dinge nicht zu erzwingen, sondern geschehen zu lassen. Geschehen lassen heißt beiseite treten und sich nicht selbst im Weg stehen. Vertrauen Sie einfach so weit, wie es Ihnen möglich ist, und schauen Sie, wie es Ihnen dabei geht. Sehen Sie sich an, wie es sich auf Ihr Leben auswirkt.

Manche Menschen haben einen felsenfesten Glauben, der entweder auf einer religiösen Überzeugung oder auf der Erfahrung innerer Wandlung beruht, welche die meisten Menschen nie erleben. Dennoch legt eine Frau, die vertraut – ob Gott oder dem Schicksal – große Gelassenheit und Anmut an den Tag. Sie akzeptiert die Existenz von unberechenbaren Variablen und die Neigung des Lebens, plötzliche Haken zu schlagen. Ein Mensch, der aufgehört hat, sein Leben bis ins Kleinste managen zu wollen, strahlt eine anziehende Sanftheit und Nachgiebigkeit aus. Zwar macht er immer noch Pläne und arbeitet auch hart an ihrer Realisierung, aber er ist nicht mehr so sehr auf ein bestimmtes Ergebnis fixiert. Wodurch sich viel mehr Möglichkeiten für Freude und Glück ergeben.

40.

Verinnerlichen Sie inspirierende Worte

Auch wenn es nicht weit verbreitet oder groß in Mode ist – das
Memorieren schöner Worte kann eine große Heilkraft entfalten.

Wenn Sie Ihren Verstand mit aufbauenden Worten programmieren, stehen sie Ihnen jederzeit zur Verfügung. Allein schöne und aufbauende Gedanken zu hören oder zu lesen ist hilfreich, doch erst durch das Einprägen machen wir sie uns zu Eigen. Beginnen Sie mit etwas Kurzem und arbeiten sich dann allmählich zu längeren Passagen vor. Geeignet ist eigentlich alles: Zitat, Gedicht, Lied, Gebet oder Schrifttext der eigenen oder einer fremden Tradition. Wenn diese Worte die negativen, zynischen Botschaften in Ihrem Kopf ersetzen, ist das, als würden Sie andere Einstellungen in Ihr Gehirn transplantieren. Und weil Körper, Geist und Seele miteinander verbunden sind, wird sich die Veränderung auf alle drei positiv auswirken.

Eine meiner Grundschullehrerinnen bestand darauf, dass ihre Schüler Gedichte auswendig lernten. Während der letzten halben Stunde ihres Unterrichts setzte sie sich an einen der hinteren Tische des Klassenzimmers und jedes Kind, das ein Gedicht auswendig konnte, durfte zu ihr kommen und es leise vortragen. Ich liebte diese intimen Augenblicke, wenn der Rest der Klasse Hausaufgaben machte und ich rezitieren durfte: »Es schlägt mein Herz, geschwind zu Pferde! … «, oder auch: »Werd mit mir alt, das Beste war noch nicht … « Es klang so stimmig für mich, obwohl ich damals nicht ans Alter dachte.

Als ich dann älter wurde, erweiterte ich mein Repertoire an Auswendiggelerntem. Inzwischen waren es nicht mehr nur Gedichte, sondern auch Passagen aus den heiligen Schriften: aus der Bibel, der Bhagavad-Gita, den Dhammapada. Ich lernte aus dem Kontext gerissene Zitate von Rousseau, Goethe und Emerson. Und sogar Weisheiten von Kaffeetassen und Spruch-Postkarten: »Brave Mädchen kommen in den Himmel, böse Mädchen kommen überallhin.«

Weil in meinem Hirn aber nur begrenzt Platz ist, schaffen sich diese memorierten Aussprüche Raum, indem sie negative Gedanken, Sorgen, Ängste und Ärgernisse hinausdrängen. Und wenn ich allein, besorgt oder traurig bin, dann kommen all diese schönen Gedanken an die Oberfläche. Es ist, als sei man mit den Weisen und Philosophen aller Epochen auf Du und Du. Ich genieße das Privileg, sie jederzeit zu mir nach Hause oder ins Büro einladen zu können. Ihre klugen Gedanken helfen mir, mich aus den eigenen negativen und unproduktiven Grübeleien herauszureißen.

Das Auswendiglernen entwickelt sich leider zu einer aussterbenden Fertigkeit. In der Schule wird es nur noch selten von den Kindern verlangt. Die Begründung lautet: »Es steht alles im Internet; sie können es dort nachschauen.« Vergessen wird dabei, dass etwas, was sich im Internet oder zwischen Buchdeckeln befindet, zwar zur Verfügung stehen mag, aber erst das, was wir auswendig lernen, ein Teil von uns wird. Und das ist ein wichtiger Unterschied. Sobald etwas Auswendiggelerntes Wurzeln in uns schlägt – auch wenn wir uns nicht an alles erinnern –, eignen wir es uns quasi auf *homöopathische* Weise an.

Die klassische homöopathische Behandlung basiert auf winzigen Zuckerpillen, die derart winzige Mengen des ak-

tiven Wirkstoffs enthalten, dass in manchen mittels Labor-
analyse gar keine Wirkstoffe mehr nachgewiesen werden
können. Dennoch ist die Essenz vorhanden. Und sie verbindet sich mit der Ihren und entfaltet ihre heilende Wirkung. Genau das können auch diese schönen Worte. Sie
heilen durch die in ihnen enthaltene Wahrheit, versüßt
von klangvollen Worten wie die homöopathische Medizin
in ihrer Zuckerhülle.

Wenn es auch nicht weit verbreitet oder groß in Mode
ist – das Memorieren schöner Worte kann eine große
Heilkraft entfalten. Außerdem ist es ein unübertroffenes
Training für das Gehirn und hält uns geistig fit. (Winston
Churchill führte seine Fähigkeit, aus dem Stegreif frei zu
sprechen auf die Tatsache zurück, dass er Tausende von
Verszeilen auswendig gelernt hatte.) Gestalten Sie diese
Übung so, dass sie vergnüglich für Sie bleibt. Wählen Sie
Passagen, die Sie sehr ansprechen. Beginnen Sie mit etwas
schon Bekanntem, das Sie gern besser verstehen würden,
oder mit etwas, das Sie früher schon mal auswendig ge-
lernt haben – etwa Rilkes »Herbsttag« oder Goethes
»Willkommen und Abschied«. Sie werden überrascht
sein, an wie vieles Sie sich noch erinnern.

Oder suchen Sie sich etwas Neues, das Ihnen heute viel bedeutet. Wählen Sie ein Gedicht – oder auch nur eine Strophe davon – und machen Sie es sich zu Eigen. Nehmen Sie seine Schönheit in sich auf, und machen Sie sie zu der Ihren. Erleichtern Sie sich das Auswendiglernen, indem Sie das Gedicht in Ihr Tagebuch oder auf einen Spiralblock schreiben. Auf diese Weise memorieren Sie nicht nur Zitate – die zu Ihren Freunden werden –, sondern legen sich auch ein persönliches Buch von Gedichten, Gebeten und Buchpassagen an, die besonders zu Ihrem Herzen sprechen. Außerdem ist es leichter, Niedergeschriebenes auswendig zu lernen. Ein Kugelschreiber leistet hier bessere Dienste als ein Computer, da durch das Schreiben mit der Hand die Verbindung zwischen Hand und Hirn aktiviert wird.

Lassen Sie auch andere an diesen »wunderbaren Worten« teilhaben. Geben Sie Ihre Lieblingszitate weiter, vor allem an Kinder. Damit die dann ihren eigenen Kindern erzählen können: »Meine Mutter hat immer gesagt … «, oder: »Diese wunderbare Dame, die früher neben uns wohnte … « So können Sie mit Ihren eigenen und den geborgten Weisheiten eine ganze Tradition begründen.

41.

Achten Sie sich und Ihre Werte

Im verzweifelten Versuch, uns anzupassen, neigen wir oft dazu,
uns selbst und unsere Überzeugungen zu verleugnen.
Diese Maskeraden verbergen unsere innere Schönheit.

Wenn wir uns selbst und unsere Werte achten, ist das eine Einladung an unsere innere Schönheit, sich in jedem Aspekt unseres Lebens zu entfalten. Wir sorgen für uns, indem wir uns hilfreiche Freunde auswählen, inspirierende Orte besuchen und uns für Dinge engagieren, die uns am Herzen liegen. Wir halten uns geistig fit, indem wir unsere Arbeit nach bestem Vermögen erledigen und unser Leben an hohen Idealen ausrichten. Wir leben mit uns selbst im Einklang, weil wir unumstößlichen Maßstäben folgen. Es gibt Dinge, die wir tun, und andere, die wir nicht tun – und zwar unabhängig von Zeit, Ort und Umständen. Wir sind flexibel und zuvorkommend, aber unsere Grundüberzeugungen dulden keine Kompromisse. Folglich sind wir mit uns und der Welt im Reinen. Wie fühlen uns energiegeladen und strahlen mit der Sonne um die Wette.

Die Geschichte vom hässlichen Entlein handelt von der Bedeutung der Selbstachtung. Die Entlein in dieser Geschichte empfanden den Schwan als unscheinbar, weil sie die Schönheit des Schwanes nicht begriffen. Wir verstricken uns häufig in Situationen wie dieser verwirrte Schwan. In dem verzweifelten Versuch uns anzupassen, verleugnen wir uns und unsere Überzeugungen. Derartige Maskeraden verbergen unsere innere Schönheit. Durch den Wunsch, ein Entchen wie alle anderen zu sein, ist nichts für uns zu gewinnen. Entweder haben wir Erfolg bei dieser Scharade und verlieren uns selbst, oder aber wir scheitern und leiden weiter unter unserer Unfähigkeit, wie alle anderen zu sein. In Wirklichkeit jedoch ist dieses scheinbare Scheitern ein Segen. Es zeigt, dass es etwas in uns gibt, das uns nicht gestattet, unser wahres Selbst aufzugeben.

Wenn Sie feststellen, dass Sie einfach keine Ente werden können, dann akzeptieren Sie, dass Sie ein Schwan

sind. Sie sind ein Individuum. Das bedeutet Selbstgewiss-
heit, aber mitunter auch Einsamkeit. Und deswegen ist es
wichtig, sich nach Menschen umzusehen, mit denen man
sich wohl fühlt, anderen »Schwänen«, die einem zeigen,
dass man so, wie man ist, in Ordnung ist. Der Schwan aus
dem Märchen war überzeugt, er sei ein hässliches Entlein,
bis er die anderen Schwäne erblickte. Schwäne treffen Sie,
wenn Sie bestimmte Interessengruppen oder Kurse besuchen, oder indem Sie einfach die Augen offen halten.
Wenn Sie in einem Café eine Frau sehen, die ein Buch
liest, das Ihnen gefallen hat, sprechen Sie sie einfach an.
Auch wenn Sie nicht gleich die besten Freundinnen werden – ein zehnminütiges Gespräch mit einer verwandten
Seele lohnt sich immer.

Es gibt bestimmte Orte, wo sich Menschen mit derselben Wellenlänge begegnen. Ich fühle mich in New York
von Gleichgesinnten umgeben. New York scheint Schriftsteller magisch anzuziehen. Viele von uns wohnen dort,
und auch ich bringe im »Big Apple« meine besten Arbeiten zustande. Mit Sicherheit ist es ein großes Privileg, sich
an einem Ort zu befinden, an dem man sich zu Hause
fühlt. Dennoch verschlägt es keinen von uns an einen Ort,

wo es keinerlei verwandte Geister gäbe. Ich habe mal in einer kleinen Hütte in den Ozarks von Südmissouri gelebt, sieben Meilen von der nächsten Kleinstadt entfernt. Glauben Sie mir: Hätte ich mich bemüht, einen Ort zu finden, wo kaum einer meiner Meinung war – ich hätte hier landen müssen. Ich, die spirituelle Eklektikerin und Vegetarierin, stieß auf Leute, die in Pick-up-Trucks herumkutschierten und durch die Bank Jagdgewehre besaßen. Nach spätestens einem Monat – so dachte ich – müsste ich vor Langeweile eingehen. Stattdessen schuf ich mir – in nur vierzehn Tagen – einen engen Kreis von Freundinnen. (In den Ozarks sprechen sich Neuigkeiten schnell herum.) Diese Frauen teilten viele meiner Ansichten und nahmen an den anderen keinen Anstoß. Drei von ihnen gehören noch heute, zehn Jahre nach meinem Wegzug, zu meinen besten Freundinnen.

Wenn Sie sich in einer Umgebung wiederfinden, die Ihrem eigenen Wertesystem diametral entgegengesetzt ist – was Ihnen im Beruf, in der Nachbarschaft, ja sogar der eigenen Familie durchaus passieren kann –, dann ist es das Beste, sich immer wieder mit Menschen auszutauschen, die Ihre Werte teilen. Ihre Integrität verlangt von Ihnen, dass Sie Ihr Wertesystem behaupten – nicht *gegen* andere, sondern *für* sich selbst. Ein Beispiel dafür erlebte ich vor kurzem, als meine Tochter zwei ihrer Schauspielerfreundinnen, junge Frauen in den Zwanzigern, bei uns einquartiert hatte. Eine von ihnen erkundigte sich, wo die nächste katholische Kirche sei, und sagte den anderen, dass sie erst später, nach der Messe, zu ihnen stoßen werde. Das tat sie mit großer Liebenswürdigkeit und ohne jede Erwartung – etwa, dass sie jemand mit dem Auto hinbringen würde. So kann sich Selbstachtung im Alltag manifestieren: ruhig, unaufdringlich, aber deutlich.

Um sich selbst und Ihre Werte zu achten, müssen Sie wissen, wer Sie überhaupt sind und was Ihnen wirklich wichtig ist. Was sind Ihre Prioritäten? Was macht Sie glücklich? Wie oft tun Sie tatsächlich das, was Sie glücklich macht? Wann haben Sie sich zuletzt wirklich zufrieden gefühlt? Was haben Sie damals getan? Mit wem waren Sie zusammen? Was wollen Sie der Welt hinterlassen? Erinnern Sie sich von Zeit zu Zeit daran, was Ihr Leben mit Freude erfüllt, was ihm Sinn verleiht. Entfernen Sie sich nie zu weit von diesen Dingen.

Respektieren Sie die eigene Person, indem Sie sich gestatten, sich von der Herde zu entfernen – und wenn es auch nur darum geht, wo Sie frühstücken gehen oder was Sie mit einem freien Samstagnachmittag anfangen. Orientieren Sie sich auch dann an Ihren Maßstäben, wenn es unangenehm oder schwierig ist. Ihre Umgebung wird es registrieren – ein schöner Nebeneffekt.

42.

Machen Sie sich auf lichte Zeiten gefasst

Im Kontakt mit seinem inneren Licht zu stehen, heißt,
immer mit dem Glück zu rechnen und es genießen zu können.

Lichte Zeiten sind solche, in denen Sie mit so viel innerem Reichtum beschenkt werden, dass Sie einen Teil davon für später zurücklegen können. Diese Phasen sind wie ein Bonus oder eine Dividendengutschrift des Lebens. Sie stehen Ihnen nicht alle Tage ins Haus und sind deshalb etwas Besonderes. Lichte Zeiten – das heißt, alles läuft so gut, dass Sie das Gefühl haben, es kann gar nichts mehr schief gehen, denn Sie sind gegen alles Negative gefeit. Manchmal aber werden wir auch mitten in einer Krise, mitten in der Verzweiflung von einem Lichtstreif überrascht und wissen auf einmal, dass wir beschützt und in Sicherheit sind. Solche Momente des Glücks können spirituelle Erfahrungen, aber auch ein ganz irdisches Abenteuer sein. Wie auch immer, man erlebt einen plötzlichen Überschwang und das heißt – nach William Blake – Schönheit.

Auch Sie haben schon lichte Zeiten erlebt und die Erinnerung daran wird Ihnen helfen, auch das nächste Mal für diese Erfahrung offen zu sein. Als ich mit meiner Tochter schwanger war, erlebte ich neun lichte Monate. Sogar in den Zeiten morgendlicher Übelkeit tauchte die Gefühlsmischung aus Demut und Stolz mein Leben in ein warmes Licht. Sieben Jahre später wanderte ich mit diesem Kind durch die Na Pali Klippen auf Kauai. Es war, als ginge ich durch Gottes Wohnzimmer. Das Licht dieses Erlebnisses hielt wochenlang an. Und als ich sechs Jahre später William traf, geriet ich, obwohl ich schon in meinen Vierzigern und Witwe geworden und angeblich bereits zu abgeklärt für den Rausch verliebter Gefühle war, ein ganzes Jahr lang in diesen lichten Zustand.

Erinnern Sie sich an Ihre lichten Zeiten. Vielleicht haben Sie sie während Ihres Studiums erlebt oder als Sie Ihre erste eigene Wohnung bezogen oder auf einer Reise. Vielleicht auch, als Sie eine neue Wahrheit entdeckten, eine einschränkende Lebensweise hinter sich ließen oder den Liebhaber, den Lehrer oder die Freundin getroffen haben, denen Sie so leicht Ihr Herz öffnen konnten, wie Sie morgens Ihre Fensterläden aufstoßen.

Der Zeitpunkt und die Häufigkeit dieser Glückserfahrungen beruhen auf einer Kombination von Faktoren, die von der Sternenkonstellation bis zu den chemischen Vorgängen in Ihrem Gehirn reichen. Manche lichte Phase verdankt man Dingen, die man in der Vergangenheit getan hat, eine andere zieht man an, weil man für das Glück empfänglich ist. Wie auch immer solche Phasen in Ihrem Leben ausgelöst werden – Wert besitzen sie nur, wenn Sie sie erkennen und zu schätzen wissen. Denn ansonsten verplempern Sie diese Zeit und erleben einfach nur einen netten Tag, statt eine mystische Erfahrung zu machen.

Es ist traurige Tatsache, dass wir alle schon lichte Zeiten haben verstreichen lassen, weil wir nicht empfänglich für sie waren. Im Kontakt mit seinem inneren Licht zu stehen, heißt deshalb auch, immer mit dem Glück zu rechnen und es zu genießen. Dies kann man, indem man es (1) erwartet, sich (2) auf es vorbereitet und (3) sich schon im Vorhinein für es bedankt. Erwarten Sie lichte Zeiten, indem Sie sich daran erinnern, dass Sie ein Lichtwesen sind, und indem Sie sich gewahr werden, dass Sie Ihre

Aufgabe auf Erden nur mit himmlischer Hilfe erfüllen können. Sie bitten nicht um Extrawürste, sondern brauchen hin und wieder lichte Zeiten, um Ihre Aufgabe erfüllen zu können, so wie ein Mechaniker einen Schraubstock oder ein Zimmermann eine Säge braucht.

Seien Sie auf lichte Zeiten gefasst, indem Sie physisch, mental und spirituell dafür gewappnet sind. Wenn Sie Ihren Körper reinigen, Ihre Gedanken auf Höheres richten und Ihre Spiritualität ganz selbstverständlich in Ihren Alltag integrieren, werden Sie sich nie wieder einen Glücksmoment entgehen lassen.

Seien Sie dankbar für die Phasen, in denen dieses besondere Licht auf Ihnen ruht. Durch Ihre Dankbarkeit vermehren sich die Lichtzeiten. Auch wenn Ihre letzte lichte Phase eine Ewigkeit zurückliegt, seien Sie froh über sie und die nächste, die mit Sicherheit kommen wird. Danken Sie für jeden strahlenden Tag, für jeden, der erträglich war, und für jeden, den Sie gerade so überstanden haben. Es wartet ja immer auch schon etwas anderes auf Sie.

Das Leben ist ein Kreislauf. Ihre spirituelle Praxis und jedes Stückchen Weisheit, das Sie unterwegs aufschnappen, lenkt Ihr Leben in eine Aufwärtsspirale, auch wenn Rückschläge vielleicht einen anderen Eindruck erzeugen. Lichte Zeiten stehen Ihnen bevor. Seien Sie bereit, sie willkommen zu heißen.

Nachwort

Suchen Sie das Licht

*Das Entscheidende ist, dass wir mit unserem inneren Licht in
Kontakt bleiben. Dann sind wir – unabhängig von allen sonstigen
Veränderungen – im Unwandelbaren verankert.*

Amüsiert entnahm ich vor kurzem einer Zeitschrift, dass
meine Frisur wieder »in« sei. Ich hatte gar nicht bemerkt,
dass sie je out war. Ich musste in mich hineingrinsen und
wurde wieder mal daran erinnert, dass sich in der äußeren
Welt alles im Fluss befindet – Frisuren, Figuren, Stile,
Meinungen. Das Entscheidende aber ist, dass wir immer
mit unserem inneren Licht in Kontakt bleiben. Denn
dann sind wir – unabhängig von allen sonstigen Veränderungen – im Unwandelbaren fest verankert.

Ich würde Sie nun gern mit einer Zusammenfassung
der Prinzipien entlassen, die Ihnen helfen, Ihr inneres
Licht nach außen strahlen zu lassen. Wenn Sie sich diese

Prinzipien zu Eigen machen und im Alltag beherzigen, gewinnen Sie jenen Glanz, jene Ausstrahlung, die andere Menschen als Schönheit ansehen und die Sie selber als inneren Frieden erleben.

1. *Jede Frau, die ihr wahres Wesen zum Ausdruck bringt, ist eine Schönheit.* Das Licht ihres Geistes verleiht ihr eine unglaubliche Ausstrahlung.

2. *Die Auffassung, dass Schönheit eine bestimmte »Aufmachung« oder eine spezielle Figur voraussetzt, ist ein Aberglaube,* der Frauen großen Schaden zufügt.

3. *Sobald Sie Ihr inneres Licht offenbaren, spielt das Alter keine Rolle mehr.*

4. *Ihre guten Taten zeigen sich in Ihrem Gesicht.*

5. *Es ist wichtig, mit Menschen zusammen zu sein, die uns Glück und Erfüllung wünschen.* Denn dann versuchen wir auch, sie zufrieden zu stellen und ihren Wunsch zu erfüllen.

6. *Unser Körper ist die Wohnung der Seele; liebevolle Pflege belohnt er mit Schönheit und Vitalität.*

7. *Durch den Verzehr reiner Nahrungsmittel und das Denken hochherziger Gedanken kann man auch seine Zellen anregen, gesünder zu werden.*

8. *Zwischen unserem Körper und allen Naturprodukten besteht eine natürliche Affinität.* Aus diesem Grund wirkt sich der Genuss von natürlichen Nahrungsmitteln und die Verwendung natürlicher Produkte so positiv auf Körper und Geist aus.

9. *Unsere inneren Neigungen sollten wir nie übergehen.* Durch Konzentrationsübungen wie der Meditation lernen wir uns selber kennen und bekommen Zugang zu unserem inneren Wissen. So eröffnen wir uns die Möglichkeit, unser inneres Licht zu offenbaren.

10. *Wandlung ist das ewige Gesetz der Natur.* Sich der Veränderung zu widersetzen, statt mit ihr zu kooperieren, führt zu seelischer Erschöpfung.

11. *Ihre Schönheit ist nicht nur etwas Körperliches, sondern umfasst Ihr ganzes Leben.* Betrachten Sie sie als ein Kunstwerk, das niemals ganz fertig ist.

12. *Liebe ist die beste Schönheitskur.* Wenn Sie einen Menschen lieben, ist er für Sie schön. Wenn Sie sich selber lieben, werden Sie das Abbild Ihrer Schönheit entdecken – in Ihrem Badezimmerspiegel und in den Augen Ihrer Mitmenschen.

Danksagung

Ich danke meiner Agentin und Freundin Patti Breitman, die mich als Journalistin kennen lernte, mich zur Autorin machte und die sich in allem, was sie tut, als Bildnerin schöner Seelen erweist.

Dank an meine Lektorin Liz Perle für ihre beherzten Eingriffe und ihren Humor, ebenso an den Herausgeber Stephen Hanselman und alle anderen bei Harper San Francisco, die an dieses Buch geglaubt und mich in die Harper Family aufgenommen haben.

Danke meiner Agentin Linda Michaels, die mir den Zugang zur Welt eröffnet hat; und an die Publizisten Meryl Zegarek und Calla Devlin, die der Welt von diesem Buch erzählt haben.

Ich danke Jerrold Mundis und Crytal Leaman, die dafür gesorgt haben, dass ich beim Schreiben nicht auf Abwege geriet, Martha Childers für ihre Recherchen, Leslie Levine für die moralische Unterstützung und Pam Grout für den Zugang zu ihrem unveröffentlichten Manuskript »Think and Grow Beautiful«.

An alle, die mich im Zusammenhang mit diesem Projekt getroffen haben, eine E-Mail beantwortet, mir Einsichten vermittelt oder an einem Brainstorming für dieses Buch teilgenommen haben, meinen aufrichtigen Dank für ihre Sachkenntnis, Klugheit und Großzügigkeit.

Und Dank auch an meine Familie, die mich wieder einmal mit einem Buch teilen musste. Jede Seite spricht von eurer Liebe und Unterstützung.

Kleine Geschenke des Lebens

Die Hühnersüppchen-
Geschichten sind die beste
Medizin gegen jede Art
von Trübsinn. Sie erzählen
von kleinen Wundern,
die Menschen vollbringen,
weil sie den Lebensmut
nicht verlieren und an sich
und andere glauben.

224 Seiten
ISBN 978-3-442-16440-0